神话故事是最原始的自助心理学。

——利兹·格林（Liz Greene）

朱丽叶·沙曼－伯克（Juliet Sharman-Burke）

光尘
LUXOPUS

神话之旅

THE
MYTHIC
JOURNEY

Liz Greene
Juliet Sharman-Burke

[英]利兹·格林 朱丽叶·沙曼-伯克 著
孙偲 译 罗幸 审校

生活·讀書·新知 三联书店 生活書店出版有限公司

目录

第一部分 开篇

第四部分 社会地位与力量

前言

神话故事是最原始的自助心理学。多少个世纪以来，人们都是通过神话、童话、民间传说来解释生命和人性的奥秘，并使听者能够接受生命中的那些神秘——四季如何变化、复杂的人际关系如何形成以及死亡的秘密。耶稣通过寓言故事向大众传达他的宗教思想，以简单易懂的形式给他的门徒提出一些难解的问题。柏拉图利用简单的神话故事向人们传达深奥的哲学概念。在古印度，如果有受到精神困扰的人去医生那里寻求帮助，医生则会“开出”一些故事作为治疗他们精神困扰的处方，让人们就其苦思冥想，从而帮助病人找到解决自身问题的方法和答案。人类惯用线性的、拘泥于因果关系的理性思维方式，因此在寻求人生困境所包含的深刻意义以及找到其破解方法的道路上往往关隘重重。而神话故事有一种神奇的力量，它能够包容和传达悖论，使人们能够看清困境的实质，找到万物的真谛。

在下面的各个章节里，我们将探寻一些有意义的神话故事，有一些是早已广为流传的，也有一些并不那么为人所熟知，有一些是古希腊和古罗马的神话，另外一些则是来自希伯来、埃及、印度、美洲原住民、毛利族、凯尔特以及北欧的神话，这些故事所讲述的内容都与我们在生活的各个阶段，乃至全人类发展进程中所遇到的重要挑战息息相关。我们并不准备按照常规“神话词典”的形式为大家逐段解读这些远古时代的神明和英雄人物，而是按照人类生命的各个阶段，把古代神话与人类发展的经验相结合，从出生，到家庭关系，再到死亡，从而完成一次完满的神话之旅。本书的各个篇章均自成一体，所以读者可以片段式地反复阅读，但是作为一个整体，这本书会带领读者共同经历生命的各个阶段，走过一段完整的生命旅程。

书中的每一部分都会专门讲述一段特别的人生阶段，以及我们会在这个阶段所遇到的冲突和欢乐，并利用一个又一个具体的神话故事来阐明生命中某个特定的问题，无论这个问题是正面的还是负面的。首先，我们会讲述一个故事，紧接着会加上一篇心理学的评论，以此帮助读者更好地理解神话故事中所蕴含的深层意义以及该意义在现代生活中是如何得以体现的。

本书旨在向大家说明，神话故事和其中的人物形象能够在我们内心发生冲突时为我们带来些许安慰，同时也能帮助我们发掘人生中更深层也更丰富的意义。神话故事具有极强的治愈效果，它会让我们明白，我们内心所产生的一切情感、恐惧、冲突和希望，都并非现今才有的。从神话故事中我们会明白，兄弟相残这种事情可能与时间一样古老而久远；俄狄浦斯也并没有死去，他至今仍存活于现实生活中，而不是仅仅局限于心理分析之中。我们还会知道，三角关系确实是永恒的，自打人类懂得如何书写开始，它便一直存在着；美丽、天赋、权力和财富也会带来灾难，而在孤独、失败和无尽的黑暗之中，我们也总会发现光明与希望。

第一部分

开篇

家庭生活是我们整个生命历程的基础。无须考虑各自的出身、经历，我们都有父母，无论是健在的或是离世的，无论是充满爱意的抑或是冷酷无情的，大地之母和天空之父就是这个世界和我们自身起源的伟大的神话象征。我们每个人都来自不同的地方，无论后来做什么，都不能将过去抹杀。我们从原生家庭所继承的不仅是基因的构成，还有心理模式的构成。个性的形成一方面来自自身创造力，另一方面来自对过去的传承。神话虽然不会为我们提供解决家庭难题的简单办法，却以喜悦、忧伤等各种复杂的情绪描绘和反映生活中的千姿百态。在这些故事背后还潜藏着神秘的、可以改变周遭的力量。尽管家庭生活的互动变化是永远存在的，我们却有机会改变与愈合——若非通过外界，便是我们自身。

第一章

父母与子女

神话为我们提供了一系列关于亲子关系的故事。从奥林匹斯山上诸神的滑稽争吵到各个王朝的悲剧命运，人类的想象力总是在创造关于父母、儿女的故事中找到安慰和启迪，而这其中的奥秘在于通过牢不可破的情感纽带将我们联系在一起。从神话故事中，人们不仅能够看到所有亲子关系间的困境，还能找到解决冲突的方法。

忒提斯与阿喀琉斯

远大前程

我们所要讲述的第一篇关于家庭的神话便是关于父母如何对孩子倾注全部的期望。也许这篇希腊神话的主题在于忒提斯雄心勃勃地希望她的儿子能够成为神。虽然故事以悲剧收场，但能够深切地反映出我们经常会在不自觉中期盼孩子能够完成我们的希望和梦想，然而有时这真的会害了孩子。

忒提斯是伟大的海之女神，她统治着广阔深海中的一切。但是当她到了该结婚的时候，众神之王宙斯却收到了一个预言——如果忒提斯与神结合，那么她所生下的儿子必定会比宙斯还要强大。为了稳固他自己的地位，宙斯将忒提斯嫁给了凡人珀琉斯。这场神人结合的婚姻不失为一场成功的结合，虽然有时珀琉斯会厌恶他的妻子那神奇的力量，虽然有时忒提斯会觉得她嫁给了一个比自己差的人，但双方仍相处得相当愉快。

过了一段时间，忒提斯生下一个儿子，取名叫阿喀琉斯。因为他的父亲是一个凡人，所以他便注定是一个只能在凡间生活的凡人孩子。忒提斯却不甘于此。作为一个不朽的神，她无法想象容颜永驻的她要眼看着自己的儿子慢慢老去直至死亡，所以她偷偷地将刚出生的阿喀琉斯带到冥河。婴儿在冥河中浸泡过后便能得到永生。她抓着孩子的一只脚跟，将其浸泡在河水中，坚信由此能使自己的孩子得到不死之身。但是被她抓着的脚跟却未能沾到冥河水，因此这便成了阿喀琉斯唯一容易受伤的弱点。

阿喀琉斯成年之后参与了特洛伊战争，正是他的脚跟中了致命一箭。虽然阿喀琉斯功成名就且名垂青史，但忒提斯却无法与命运对抗，无法将凡人变为神。

评论：　　虽然不会期待孩子成为如忒提斯一样的神灵，但很多的父母也会下意识地期盼自己的孩子是个卓越超凡之人。我们虽然不指望自己的孩子长生不老，却希望他们比别的孩子更加聪明、漂亮、卓尔不群，从生命之寻常局限中解脱出来。但几乎没有孩子能达到这么高的预期，而且孩子会因为父母忽视自己的平凡试图将自己变成超人所做出的一系列努力而备受折磨。我们可能还会希望孩子可以在某种程度上补偿我们，重拾曾经被我们浪费的东西，抑或得到曾经从我们手中溜走的机会。怀揣着“孩子可以给我们的人生带来意义”的希望，我们可能会做出各种牺牲，而不是让孩子去过他们自己想要的生活。当他们遭受挫折和失败，或是没有对我们的努力心怀感激时，我们就会表现出极度的愤怒和失望。这些都在忒提斯和阿喀琉斯的故事里有所体现。

作为一位女神，也是一位母亲，忒提斯希望自己的孩子和她一样成为神，而不是和他的父亲一样只是一个凡人，这也是为人之母抚养态度的一种表现。如果母亲想要完全占有孩子，不愿也不能与别人分享对孩子的爱，就会引发很多问题。忒提斯和珀琉斯结合在一起，生育了阿喀琉斯，这桩婚姻就包含了父母地位悬殊的因素。忒提斯认为自己优于珀琉斯并希望孩子能像她一样。这是一个非常普遍的困境：我们默默地想象孩子的身份，却不能认识到是父母双方的共同因素造就了孩子的存在。当婚姻不幸福或不圆满时，这种情况便会经常发生。父亲对女儿的理想化也常常同忒提斯对儿子一样，有时候还会无意识地试图分离母亲和女儿，以为这样就没有人能够破坏父女之间的关系了。（见后面俄里翁和俄诺皮翁的故事。）

养儿育女过程中的这些困境，不仅仅是人类才会遇到的。尽管神话中主要角色都是天神，可归根结底神话还是关乎人类的。我们如何处理这些过高的期望和占有欲的问题呢？如果是我们把孩子带到了世间，我们就应在情感上与他们公平公正地交流。我们需要意识到潜藏的情感。如果我们清楚对孩子要求过高，我们就可以在他们不能实现我们的愿望时仍然爱他们，而且还要鼓励他们遵循自己的内心和灵魂前进，而不是走我们所期望的道路。有意识和有所节制的情感不会搞破坏，相反，无意识的情感会导致无意识的行为，才会最终对孩子造成伤害。这是自然而合乎情理的。孩子不是神，也不是因为要为我们带来荣耀或是救赎而来到这个世界的。忒提斯和珀琉斯的婚姻，为宙斯的智慧所造就，在人类起源的背后放置了人神结合的深刻寓意。每一个孩子都享有这一点。如果我们能够记住这一点，且能够允许后代成为本来就该成为的人，那么这个古老的神话就会帮助我们成为睿智、慷慨、宽厚的父母。

赫拉与赫菲斯托斯

丑小鸭的故事

这又是一篇关于父母对孩子倾注期望的故事。它虽无关于孩子是否能够得到永生，却有关于孩子的相貌是否配得上成为奥林匹斯山上众神中的一员。与其他大多数的神话不同的是，这篇故事有一个美好的结局，即赫菲斯托斯终于认识到了他自己的非凡之处，并在家族中赢得了其应有的地位。但在这个过程中，他必须历尽千辛万苦，受尽不公正的待遇，才能得到这样的结局。

宙斯和赫拉乃众神之王与王后，在他们成婚之前就已经对他们的孩子倾注了极高的期望。但不幸的是，赫菲斯托斯在出生时便先天不足。他双脚弯曲，步履蹒跚且髋部脱臼，当天界众神看到他的时候都忍不住对其无情地嘲笑。赫拉完全无法忍受美丽而尊贵的自己居然生下了这样一个既丑陋又残疾的孩子，于是无情地抛弃了他。她将婴儿从奥林匹斯山上扔了下去，最终掉在了大海里，结果孩子大难不死，被海神忒提斯带走了。

这个男孩被忒提斯藏在深海之中长达九年。赫菲斯托斯虽然长相丑陋，却天赋异禀，他在深海之中生活的这段时间，练成了卓越的锻造技术，为他的海妖朋友们打造了成千上万件精美绝伦的珍宝。当然他也深知自己曾经遭受到的不公正待遇，且在他成年之后策划了一场绝妙的复仇。一天，赫拉从她失踪已久的儿子那里收到了一份礼物——一个无比精致华丽的黄金王座，随即便欣喜地坐了上去，但当她想站起来的时候，却感觉自己如同被无形的绳索捆住一般，无力挣脱。即便众神试图上前解救，也都无济于事。只有赫菲斯托斯能够将赫拉从那个王座上释放出来，但他拒绝离开大海。他那性情狂暴的兄弟战神阿瑞斯，试图通过武力强行将他带走，却被他掷以烧红的烙铁。赫菲斯托斯同父异母的兄弟、酒神狄俄尼索斯的方法显然更有效些，他将赫菲斯托斯灌醉，扔到了驴背上，就这样将他带回了奥林匹斯山。

即便如此，赫菲斯托斯仍然拒绝合作，除非他的要求得到满足。他要娶最美丽的女神阿佛洛狄忒为妻。自此，赫拉和她的儿子才得以和平相处，且在日后赫拉被宙斯攻击的时候，赫菲斯托斯不计前嫌地冒着生命危险救了她一命。为此，宙斯愤怒至极，他锁住了赫菲斯托斯的一只脚，将他押解到了天庭之上接受审判。但最后，赫菲斯托斯还是回到了奥林匹斯山，并与他的父亲冰释前嫌。自此，赫菲斯托斯便成了众神之中的和平使者。

评论：　　这篇神话讲述了一个我们如何强烈地期望孩子能够按照我们的意愿发展，而不是成为他们自己的故事。试问，有多少样貌出众的父母希望自己的孩子也能够继承他们的良好基因，生得美丽英俊且出类拔萃？又或许我们希望自己的孩子拥有我们自身所不具备的天分，或是能够继承家族的事业。无论我们自身现状如何，无论我们想成为什么样的人，我们都希望自己的孩子能够是我们生命的延续，然而在发现他们自身真正的价值之前，我们或许真的会伤害到他们。

这是一个有些复杂的故事，其中包含了很多微妙之处。赫菲斯托斯本来是一个无人疼爱、不受欢迎的小孩儿，却被海神收留庇护，并得到了海神的友谊和支持。就好像很多时候，一个不被自己直系亲属所喜爱的孩子，身边通常会有能够理解和体谅他的祖父母、叔叔或者老师去发现他的才能。如果有一天我们发现那些曾被给予不公平期许的孩子对我们抱有怨恨，我们也不用觉得讶异。赫菲斯托斯的复仇很机智，他并未想要置他的母亲于死地，他只想母亲能够接受他。为达目的，他只是恶作剧一般地将赫拉束缚起来而已。

那么，这个令众神都无计可施的束缚又是什么呢？那就是，赫拉虽然为人酷烈严苛，但对于自己的子女，她终究还是难以摆脱母性中的养育之责。她并不是恶毒之人，而只是和我们大多数人一样有些自负、虚荣、过于以自我为中心罢了。赫菲斯托斯唤醒了她内心不可回避和否认的母亲对孩子的养育之责，而这种感情，就是我们人类所说的负罪感。当我们面对孩子的时候感到愧疚，我们就该知道，这种愧疚其实是来源于我们未能了解孩子真正的个性和价值。只有当我们意识到这只是我们个人意念里所谓的爱并且能够舍弃掉那些强加给孩子的期许，从而敞开心扉地去接受孩子自身价值的时候，我们才能够从这愧疚当中得以解脱。

赫菲斯托斯宽容的天性也告诉我们，爱的力量能够化解家庭生活中的矛盾和伤害。如果孩子了解到父母的疏忽和过失并非故意的，并能从父母的眼中看到懊悔和理解，那么他们通常都会报以宽容和谅解。这个故事告诉我们，童年经历的伤害并非不可挽回。同时它也能够鼓励我们努力寻找所爱之人的真正价值所在，即便他们最后没有成为我们期望中的样子。

俄里翁与俄诺皮翁

一个父亲对女儿的占有欲

这则悲伤的希腊神话讲述了一段父亲试图占有自己女儿的故事，当求婚者试图带走他心爱的女儿的时候，他的愤怒彻底爆发了。这个故事揭示了潜藏在父母内心深处的暗流——亲子关系。虽然这种激烈的情感和极端的状况在我们的日常生活中并不容易遇到，但它却能影射出在我们有意或无意间对孩子产生占有欲的时候所困扰我们的情感上的混乱和盲目。

猎人俄里翁被誉为凡间最英俊的人。有一天，他爱上了俄诺皮翁国王的女儿墨洛珀。但是俄诺皮翁却不是一个凡人，他是酒神狄俄尼索斯的儿子，有着永生不朽的血统，也继承了他父亲那容易激动的性情。

俄诺皮翁国王答应俄里翁，只要他能捉住城外那只一直祸害百姓的野兽，便能够迎娶墨洛珀。这对于一个经验丰富的猎人来说并非难事，于是俄里翁欣然接受了挑战。当他完成了任务，期待着俄诺皮翁国王兑现承诺的时候，俄诺皮翁却总能借故拖延——山上仍有很多的熊、狼和狮子。实际上，俄诺皮翁国王根本不想将他的女儿嫁给别人，因为他一直偷偷地爱着她。

面对眼前的状况，俄里翁变得越来越焦虑。每次他从山中带回捕获的野兽，俄诺皮翁便又能找到新的理由拖延婚期。一天晚上，俄里翁用俄诺皮翁所酿的最好的酒把自己灌得酩酊大醉（狄俄尼索斯之子所酿的酒虽比其他的酒都要醇美，却也比其他的酒都要浓烈），之后他便闯进了墨洛珀的房间，强暴了她。基于他的暴力行径，俄诺皮翁国王觉得自己完全有理由报复俄里翁。于是他让俄里翁喝了更多的酒，直至醉得不省人事，之后便挖出了他的双眼，并将其随意丢弃到了海边。最后，在众神的帮助下，俄里翁得以重见光明，并经历了更多的艰险。关于墨洛珀的结局，我们不得而知——遭遇强暴之后被自己的父亲幽禁，与世隔绝，永远不能依照自己的权利和意愿成为一个真正的女人。

评论：　　这则故事不仅仅关乎家庭生活中所存在的不可控制的情绪模式。如果父女之间的爱与情感在不经意间被激化，那么必将带来很多麻烦。都说父亲是女儿的第一个情人，很多父亲会从他们女儿的身上看到让人欣喜的、令其倾注所有浪漫梦幻的美和青春。这本是很自然而然且令人愉悦的，而并非病态。但如果父亲的婚姻不幸福，抑或是他不能接受通常意义上的“婚姻”，而是坚持寻找一个“灵魂伴侣”，那么他会试图在其女儿的身上找寻他对完美爱情的幻想。届时他便会发现，他无法满足女儿试图独立自主的愿望。看着心爱的女儿离开自己，尤其是被一个像俄里翁一样英俊的男人带走，确实需要有一颗慷慨无私的心。俄里翁英俊的外表和年轻的活力无时无刻不在提醒着俄诺皮翁，自己已经青春不再，而他最心爱的女儿此时已经长大成人并要与一个强悍有力的年轻男人比翼双飞。故事中只有父亲与女儿，却从未提及墨洛珀的母亲。这其实反映了一个心理实体，即许多父亲对于自己女儿的心理依赖远远大于对妻子的依赖。

那些试图将女儿变成自己灵魂伴侣的父亲最终会给女儿的内心带来长久的伤害。这体现在父亲会一直觉得自己的女儿所选择的配偶“不够优秀”。如果一个父亲一直给他的女儿设立一个不可能达到的理想型标准的话，那他的女儿又怎么可能离开他，而与自己的配偶相伴终生呢？出于女儿对父亲的爱与崇拜，她会自然而然地遵从父亲那些表面上的“智慧”，从而否定掉所有的求爱者，所以我们才说，爱越强烈，潜在的伤害也就越强烈。

俄诺皮翁显然是希望墨洛珀可以与一个适合的人终成眷属，但这个人必须符合一系列的标准。试问，有谁会因一个父亲想要为自己的女儿选择一个最好的丈夫而谴责他呢？正因如此，父亲这种不易被察觉的占有欲才能被所谓的“好意”所掩盖。他心知肚明，永远不会有人能够达到他的标准。进而他便会理直气壮地或直接或间接地扼杀掉女儿所有的恋爱机会，只因他坚信唯有自己才能满足女儿所有的期许。因为俄诺皮翁一直在提出新的要求，俄里翁逐渐地变得怒不可遏，直至最终将墨洛珀强暴。这恰恰给了俄诺皮翁一个绝好的理由为自己的行为开脱。但是自始至终，俄诺皮翁都没有想要让女儿离开自己，只因他想独占她。

伟大的诗人纪伯伦（1883—1931）曾经写道：“孩子借助我们来到这个世界，却并非因我们而来。”然而一个孤独的父亲可能觉得他将自己的掌上明珠据为己有其实是合理的。只有在父母放开手脚任其自由前行的时候，年轻人才有可能在人生的道路上不断前进。如果女儿被父亲的嫉妒心所困而需要在父亲与爱人之间做出抉择，她便不可能得到幸福，取而代之的则是无尽的痛苦。子女不该被迫陷入这样的两难境地，人心会被嫉妒之情所撕裂。而女儿能否完满地同时享有来自父亲和丈夫的爱，则关键取决于父亲的态度。这对每一个父亲来说都是一项艰巨的挑战，然而女儿能够得到的快乐和幸福却是巨大的。我们需要做的是认清并控制住自己的嫉妒心。正如故事所要告诉我们的，这是自古以来便在人类身上普遍存在的典型的情感。所谓占有欲，只关乎权力，而爱与权力是不能够并存的。

忒修斯与希波吕托斯

父子之间的对抗

这则神话故事讲述了一位父亲对于儿子那近乎癫狂的嫉妒，他害怕他的儿子无论是在长相、体魄还是在性能力方面都胜过自己。其中一个典型的话题就是，在很多故事中，年老的男人都会害怕自己年轻的妻子很容易就会被前妻所生的儿子所吸引。导致忒修斯悲惨结局的重要原因便是嫉妒心蒙蔽了这位伟大的英雄的双眼，使其不能正视事实。若非这种昏聩愚昧，一段新的婚姻便不可能毁灭父子之情。

忒修斯作为海神波塞冬的儿子，一位伟大的英雄，在战胜了可怕的弥诺陶洛斯（希腊神话中的人身牛头怪物。——译者注）之后便成为阿提卡（古希腊以雅典为统治中心的地区，在今希腊东南部。——译者注）的王，以公正和睿智统治着他的城邦。可他在感情上却并不那么顺利，直到最后，他对子女的嫉妒之心恰恰印证了他的失败。他与克里特岛公主阿里阿德涅之间那场狂风暴雨般的恋爱，最后以悲剧收场。虽然阿里阿德涅曾经帮助忒修斯杀死了弥诺陶洛斯，可忒修斯最终还是抛弃了她，令其心碎流泪。他与亚马孙女王希波吕忒之间一段缠绵悱恻的感情也未得善终。虽然希波吕忒为他生下了一个儿子——希波吕托斯，可她却悲惨地死去。忒修斯最后迎娶了阿里阿德涅的妹妹淮德拉。在此之前，希波吕托斯还是一个强壮而英俊的青年，他有着一头金色的头发和一双灰色的眼睛，比他的父亲更加高大，也更具王者风范。这个出身高贵的年轻人不仅醉心于马术，还为女神阿耳忒弥斯的圣洁所折服。

很快，忒修斯的新任妻子淮德拉便被对其继子怀有的强烈欲望所俘获，甚至命她年迈的侍女代她去向年轻的王子告白。在遭到王子惊惶的拒绝之后，淮德拉留下一封信，指控希波吕托斯强暴了她，之后便自缢身亡。忒修斯对淮德拉的死因深信不疑，并被深藏在心底的嫉妒蒙蔽了双眼。他嫉妒他的儿子越来越出色，无论是外表还是才干都远胜于他，于是将希波吕托斯驱逐出境，并将自己父亲波塞冬交付的死亡诅咒施加在希波吕托斯身上。当希波吕托斯驾着他的马车从雅典沿着海岸线行进的时候，海神突然掀起了一股巨浪，并在浪头幻化出一头巨大的公牛，一脚便将希波吕托斯与马匹踏碎。当年轻人残破的尸体被送还给忒修斯时，忒修斯才得知真相，但为时已晚。

在此之后，好运便彻底抛弃了忒修斯。失去了心爱的本应继承自己王位的儿子，忒修斯开始加入海盗的队伍，并在试图绑架冥界王后的过程中，被困在冥界长达四年之久，备受折磨。当他归来之时，他发现雅典已经陷入一片无序和叛乱之中。他抛弃了王位，游历到了斯基罗斯岛，因众叛亲离，最终从高耸的岩石上坠入大海。

评论：　　这则故事所讲述的内容似乎每天都在我们的日常家庭生活中上演。男人通常习惯了权力和认同，通过来自外界的成就感来彰显他们的男子气概。他们会觉得衰老是一种耻辱，害怕缺乏能力——世俗的、性的或两者兼而有之——会降低他们在自己及别人眼中的价值。然而，此时儿子却刚刚开始他们生命的旅程，精力充沛，充满希望以及超越他们父亲的无限可能性。由此，父亲心中那仿佛能够吞噬一切的嫉妒便被激起，无论父亲多么爱自己的儿子都无法阻止。如果这一切并不是父亲有意而为之，那么他们也可能会在不经意间对儿子施以诅咒。届时父亲会变得沉默和过分挑剔，怨恨妻子和儿子的关系。他会击碎孩子的梦想、抱负以及追求，虽不经意，却带有毁灭性的意图。他磨灭着年轻人的自信心，由此使自己觉得力量和地位得以坚守。

这种不经意间的嫉妒心对于孩子来说是极为悲惨的。如果一个年轻人长久以来都要在来自父亲的敌意中苦苦挣扎，那么他一直都会满怀挫败感，无论是在学校，还是在职场，抑或是在他日后的个人生活中，因为潜意识里他会一直觉得他要达到父亲对他的期许，并且不敢质疑或动摇父亲的权威地位。他会不由自主地变成他父亲在潜意识里希望他成为的那种失败者，即便在主观意识上，父亲是希望并鼓励孩子取得成功的。这样的儿子会长久地纠缠在与权威的争执之中，并最终如父亲所设想的一般，展现出所有的软弱和迷茫，而这种软弱和迷茫恰恰是父亲自身所无法摆脱的。

此类现象在我们的生活中并不少见，它并不邪恶，只不过是反映了人性的弱点而已。对于父亲来说，用一颗宽容的心去允许儿子超越自己，优雅地接受年华已逝并慷慨地接受世界对于年轻人的偏爱，都是极大的挑战。另一个极大的挑战便是摆脱自身情绪上的自我保护，去接受和支持妻子与儿子之间所存在的合乎情理的关系。这要求人存有极大的宽容之心，懂得放手以及信任他人，如果能够达到这样的境界，每一个儿子都能从父亲那里得到支持和鼓励。此外，这还会为父亲的内心带来长久的平静和力量。他会明白，在年轻的时候他曾尽情地发挥自己的潜力，能够与自己未曾取得的成就和平共处，会带着满心的希望和创造力开启自己的下一段人生旅程。

奥西里斯、伊西斯和荷鲁斯

圣婴带来永恒的希望

这则古埃及神话为我们讲述了一个希望和重生的故事，它给我们带来克服艰难险阻，最终赢得平静与满足的勇气。奥西里斯、伊西斯和曾因帮助世人免除苦难和战胜邪恶的圣婴荷鲁斯被一些学者视作基督教的三位一体。从心理学的角度来讲，这神圣的一家可以让我们明白我们可以从孩子身上得到的希望和意义。

奥西里斯是天空之母和大地之父的第一个孩子。这位年轻的神面容英俊，身材魁梧。他娶了他的妹妹、月光女神伊西斯为妻。他们一起教授埃及人如何改良农具以及如何制作面包、葡萄酒和啤酒。伊西斯教女人们如何把玉米磨成粉，如何把亚麻纺成线并织成布匹。奥西里斯建造了第一批神庙，塑造了第一批神像，并告诉了人们什么是神。人们称他为“善人”，因为他与暴力为敌，且仅凭他的温柔便已经为世人所知。但好景不长，他邪恶的弟弟赛特一直嫉妒他的力量，因此便设下阴谋诡计将其害死。赛特是一个性情暴戾狂野的神，当他还在自己母亲肚子里的时候，便强行使自己提早降生，并发誓要毁灭奥西里斯所统治的世界。他邀请奥西里斯参加宴会，随即将其杀害。他将奥西里斯的尸体锁入一个箱子之中，沉入了尼罗河底。

当伊西斯得知奥西里斯被杀害的消息之时，悲痛欲绝。她剪掉了自己的头发，撕碎了长袍，前往尼罗河寻找装着自己丈夫尸体的箱子。那时，箱子已经被水流冲到了大海之中，随着风浪漂到了比布鲁斯，最终停在了一棵柳树下面。柳树飞速地生长，以至于箱子被完完全全地包裹在了树干之中。不久，比布鲁斯的国王下令将柳树砍掉，用木料来做宫殿的横梁。当这一切结束，这棵神奇的树散发出一股强烈的香味。很快消息传到了伊西斯耳中，她立刻明白了这气味的含义。于是她立即启程前往比布鲁斯，在柳树的树干中找到了藏着奥西里斯尸体的箱子，并将其带回了埃及。但赛特得知了伊西斯的计划，并找到了她藏匿箱子的那片沼泽地。他打开了箱子，将他哥哥的尸体砍成了十四块，之后将其分散地扔在了遥远的荒野之中。

伊西斯并没有被击倒。她将丈夫散碎的尸体一块一块地找到，可他的阴茎却被尼罗河里的螃蟹吃掉了。于是女神开始重塑奥西里斯的身体，她将所有的尸体碎块拼凑在一起，并用黏土为他做了一个新的阴茎。紧接着她把奥西里斯的尸体做成了木乃伊，使这位被杀害的神得以永生。在他等待重生的时候，伊西斯躺在他的身边，结果怀上了圣婴荷鲁斯。荷鲁斯出生的时候像一只鹰隼一样，双眼闪耀着太阳和月亮的光辉。

起死回生之后的奥西里斯夺回了对世界的统治之权。但他始终为其在世时所遭受过的邪恶力量而伤心难过，因此他决定隐退到冥界，在那里，他能欣然地欢迎所有正义者的灵魂。

由此，伊西斯的儿子荷鲁斯便担起了为父报仇的责任。荷鲁斯的母亲怕赛特再施奸计，于是将荷鲁斯带到与世隔绝的地方将其抚养成人。荷鲁斯刚刚出生之时异常孱弱，因此只能靠着母亲的神力躲过种种危险。他曾被野兽袭击，曾被毒蝎蜇伤，曾被烧伤，也曾被五脏六腑的剧痛所折磨，而这一切均出自赛特之手。然而当他经受过了这些灾难的考验，他变得强壮了，此时伊西斯经常出现在荷鲁斯面前，教他如何使用武器，以便他能以最快的速度对赛特开战，夺回父亲留给他的一切，并为父报仇。

当荷鲁斯长大成人，他便开始了一场漫长的战争，他征服并成功地摧毁了很多敌人。但赛特太过狡猾，因此仅靠军队并不能将其彻底击败。为了结束这漫长的杀戮，其他的神明将对峙的赛特和荷鲁斯召集到一个特设的法庭上。赛特控诉道，伊西斯是在奥西里斯死去之后受孕怀上荷鲁斯的，因此荷鲁斯并非奥西里斯的亲生儿子。但是荷鲁斯成功地举证，证明了自己的出生。众神判决了篡权夺位者，将所有遗产归还给荷鲁斯，并宣布其为埃及的统治者。

荷鲁斯平和安稳地统治着天国和人间，他的父母也接受着世人的敬仰。在判决期间，他赶往冥界拜访了他的父亲，将逝去的灵魂引领到“善人”的面前，并主持了一场灵魂的称重仪式。

评论：　没有一个孩子能够挽回其父母的生命。但是人却具备对未来充满希望以及对善良和童真抱有信仰的特质，这种品质能够使枯燥无味的人生变得愉悦，由此让人觉得以往所经受的一切都富有了积极的意义。奥西里斯、伊西斯和荷鲁斯的故事为我们指明了什么是促使我们组成家庭的最核心的原因。它并不只是为了在肉体上繁衍后代，而更多的是因为孩子的降临预示着一个崭新的开始，以及能够治愈以往一切痛苦的可能性。子孙后代所带给我们的，不仅仅是肉体上的延续，还有精神上的延续。

奥西里斯的家庭是极具代表性的，它能够展现所有家庭的共同特点。伊西斯的奉献精神是一个很重要的主题。尽管赛特在她前进的道路上设置了很多艰难险阻，她仍然信念坚定地寻找并重新拼凑起丈夫被亵渎了的遗骸。这种绝对忠诚的品质正是故事所要讲述的关于救赎的一个部分。在日常生活中，每一个在自己伴侣面对挫折失败，甚至是全世界都将其否定的时候愿意对其无条件支持的人，可能都会表现出这种品质。忠诚的妻子或丈夫，会在伴侣失业的时候，或是在伴侣承受病痛或沮丧的时候，对其予以鼓励。这些人可能都具有伊西斯的奉献精神。而这正是我们能从人类的角度去理解这则神话所要表达的主题。

这则故事的另一个重要组成部分，正是荷鲁斯在整个事件最糟糕的时候被孕育和诞生的。伊西斯在她的爱人奥西里斯沉睡和等待苏醒的时候孕育了圣婴。从常规家庭生活的角度来看，这会意味着什么？也许这会告诉我们，当我们最想孕育孩子的时刻究竟会发生什么，在境遇极其艰难的时候，孩子常常会为人们带来希望。并非总是世俗的成功和满足才会让我们有组成一个家庭的欲望。有时候生命中一些艰难的抗争，会促使我们在未来为自己寻求一个立足之处，以及一个实现自我价值和存在感的意义。

荷鲁斯度过了一个并不安稳的童年，在变得足够强大之前，他经历了许多沉浮变迁。这同样能为我们展现一种不一样的生活模式，因为人们最为强大和富有创造力的成就往往正是源自一个脆弱易碎的开端。伊西斯保护自己的儿子不受赛特的伤害，正如我们需要保护弱小的孩子一样，我们同样需要保护自己内心最为脆弱的那一部分，由此它才能以健康的状态变得成熟。荷鲁斯明白，他必须补偿他的父亲曾经遭受过的一切摧残，奥西里斯自身却不愿再存活于世间而继续承受那些折磨。从某种程度来讲，我们需要相信孩子能够应付未来将发生的一切，因为随着逐渐老去，我们将变得不再富有力量和勇气去与生活抗争。这里我们可以回看另一则故事——忒修斯对希波吕托斯的妒忌，以此为例说明他无法相信儿子能够掌控一切并取代他；从另一方面来看，奥西里斯成功地面对了这一挑战。

冲突的解决并不是因为任何一方对另一方的征服，而是众神共同决定了荷鲁斯理应获得他应得的遗产。其实我们也必须完成生命中的未尽之事，必须如神明或自我内心所指示一般地相信我们所理解的东西。如果我们所寻求的是公平公正的，正如荷鲁斯的故事一样，虽然邪恶永远不可能被彻底打败，但它也永远不可能击垮正义。在家庭内部，我们相信时间和内心的公正会带来最终的公平，而内心的宁静则能帮助我们接受自己所无法改变的状况，并去宽恕那些曾经伤害我们的人，最终怀揣对未来的信仰。

波亚的故事

祖孙二人找回过去

本章的最后一篇讲述一个发生在北美平原上黑脚人部落里的故事。它告诉我们，爱的力量能够跨越祖辈和孙辈的鸿沟去治愈家庭中的创伤，它能帮助家长和孩子弥补在其相处过程中所发生的不快，并将过去积累下的智慧传递给下一代。

很久以前，启明星从天空俯视大地，注意到了地上的一个无比美丽的黑脚人女孩索萨基，他爱上了索萨基，于是娶她为妻并将其带到天上，与他的父母太阳和月亮住在一起。在那里索萨基为启明星诞下了一个儿子，取名叫小星星。

索萨基的婆婆是月亮，她让这个年轻的女孩备感关爱和温暖，但月亮警告索萨基不要去挖那棵长在他们住所旁边的有魔力的萝卜。但索萨基的好奇心驱使她挖出了那棵神奇的萝卜，之后便在地上留下了一个洞。她惊奇地发现，透过那个洞能够看见人间。当看到她曾生活的部落时，她开始想念家乡，并越来越伤心。为了惩罚她不守规矩的行为，她的公公将她和她的儿子小星星逐出天界，把他们包裹在麋鹿皮内贬下了凡间。当这个可怜的女人被迫与自己深爱的丈夫分离之后，她很快便伤心离世，留下她的儿子孤苦无依地流浪在世间。

孩子的脸上有一道疤，所以他的小名叫作波亚或是疤脸。当他长大之后，他爱上了酋长的女儿，但她因为波亚脸上的疤而拒绝了他。伤心绝望之时，波亚决心前去求助自己的爷爷太阳，只有他能够祛除自己脸上的疤痕。于是波亚启程一路向西。当他到达太平洋，他停下脚步，并花了三天的时间禁食和祷告。终于在第四天的早晨，在他的面前出现了一条明亮的小路，跨过大洋。波亚大胆地踏上这条神奇的小路。当他抵达太阳在天空中的住所，他见到了他的父亲启明星正在与七只可怕的大鸟搏斗。他挺身而出，解救了父亲，并杀死了大鸟。作为奖赏，他的爷爷祛除了他脸上的疤痕，并且在教授波亚太阳舞的礼仪之后，送给波亚一个礼物，那是渡鸦的羽毛，以示他与太阳的亲族关系，除此之外还有一支魔笛，它能够帮助他获得所爱之人的芳心。波亚通过另一条叫作银河的路回到了人间，他教会黑脚人部落太阳之舞的奥秘，迎娶了酋长的女儿为妻，并将她带上天国，与自己的父亲和祖父母生活在一起。

评论：　　这篇故事中的英雄叫作疤脸，实际上，许多孩子的父母在其夫妻关系中都面临着很多困境，这些困境可能导致父母双方的疏离甚至是离异，而这些都会给孩子带来心理上的伤害。这篇故事中的冲突来自波亚的母亲索萨基未能遵守她所处的神灵家庭中的规则。由于她对家庭的背叛，她被迫与自己的丈夫分离，以致波亚也与自己的父亲不得相见。

我们经常会看到类似情况的发生，某个与具有强大家庭背景的人结婚的人，无法适应另一半的家庭生活，最终被排挤在外，有的时候甚至被逐出家门。这类事件经常发生在所谓的“异族通婚”中，在这种婚姻中，两个人可能在经济、宗教信仰或是种族背景上都存在着巨大的差异，这些差异并非一个外来者能够适应的。而伤痕累累的往往是孩子们。

但是波亚，太阳和月亮的孙子，并不愿就此接受命运的安排。他强烈地要求进入其祖父的王国，他知道在那里能够治愈自己的缺陷。在心理学的层面上，这告诉我们来自祖父母的爱常常能够治愈父母婚姻不美满而给孩子带来的伤害。波亚必须证明自己，他杀死了大鸟，保护了他的父亲。而我们有时不得不鼓起勇气主动靠近那些疏远我们的亲人，尽管我们深知是他们导致了彼此关系的疏远。波亚一直在努力尝试，因此他所得到的奖赏也甚为丰厚。不仅他的伤疤得以治愈，而且能够得到太阳的智慧，并将其传授给凡人，使其祖先的馈赠得以世代延续。

这篇故事所蕴含的一个意义深远的信息在于人要放下骄傲，努力去恢复哪怕被别人的错误所切断的联系。在生活中，经常发生孩子因为父母关系不和谐或是父母和祖父母之间关系不和谐而被迫与祖父母疏远的案例。无论是因为时间、距离或是冲突相阻，人们内心深处的爱的火花，孩子心中与祖辈沟通的愿望——正如同波亚走向祖父的王国时所通过的那条神奇的路一样——会将家人之间的关系重新紧密地连接起来，并能为祖辈智慧向下延续建起一座桥梁。

第二章

兄弟姐妹

正如父母和孩子之间的关系一样，无论是好是坏，兄弟姐妹之间的关系同样也是强烈的、复杂的，同时也是变幻莫测的。我们可以从兄弟姐妹的身上看到一个未被发掘的自我。当我们面对他们的时候所表现出的爱与反感均能反映出很多东西，尤其是我们对自己内心深处不为人知的一面的理解程度。

虽然心理学中对于手足之间的较量有很多解释，但最先开始讲述这一现象的确实是神话。除此以外，这些神话同样讲述着兄弟姐妹之间的相互治愈与救赎。

该隐和亚伯

谁才是父亲最喜爱的儿子？

这则出自《旧约》的故事早已被世人所熟知，但或许我们并没有从中意识到父母可能会是引起孩子之间矛盾冲突的起因。该隐和亚伯的故事所描述的正是我们所说的“手足之间的较量”，即兄弟姐妹之间存在的嫉妒和竞争。正如太阳的升起一样，自古以来手足之间的较量其实是很正常又不可避免的。如果仅仅是一点点的竞争，可以促进自身的进步，可如果竞争太过激烈，便会为整个家庭带来痛苦，甚至是毁灭性的打击。

亚当和夏娃有两个儿子，哥哥该隐每日在田间劳作，而弟弟亚伯则以牧羊为生。有一次，兄弟二人同时为上帝准备了祭品，该隐进献了他种植的作物，而亚伯则从羊群中挑选出了最好的羊进献给上帝。相比较之下，上帝更喜欢亚伯准备的祭品。该隐无法接受上帝对亚伯的偏爱，愤怒与嫉妒的种子在他的心里生根发芽。

上帝预见到了该隐的愤怒，问道：“你为什么如此愤怒？如果你努力劳作，你就一定会成功的；反之则将一事无成。”

可惜，该隐并没有在意上帝说的话，愤怒在内心逐渐膨胀。然而对上帝表达愤怒之情显然是不明智的，他便将这种可怕的情绪转嫁到弟弟亚伯的身上。他跟踪亚伯来到田野间，将其杀害。

“该隐，你的弟弟去哪儿了？”上帝问道。

“我不知道。”该隐回答道，“我又不是他的监护人。”

当然，上帝知道此前发生了什么，于是他问该隐：“你为什么要做出如此可怕的事情？”“你弟弟的血从大地中发出声音向我哭诉，仿佛立志要报仇一般。在此，我判处你接受惩罚，你将永远不能在土地上耕作。在你杀害你弟弟的时候，他的血液便与土壤混在一起。即便你试图耕种作物，也将颗粒无收。你将在尘世间游荡，无家可归。”

该隐却对上帝说：“我无法接受这样的惩罚。你这是要将我逐出大地并与我永世不再相见。到那时我将被彻底遗弃，任何找到我的人都可以直接杀了我。”

上帝却说：“不，如果任何一个人杀了你，那么他必会遭受七倍的报应。”于是上帝在该隐的额间留下印记，以此来警戒世人绝不可以杀死该隐。该隐就此离开了上帝，去往伊甸园之东的挪得之地。

评论：　　那些接受正统宗教熏陶的人或许不会质疑这篇神话在道德层面的意义。但如果我们仔细思考这个故事，我们会疑惑为什么上帝偏爱亚伯，而非同样忠诚的该隐。事实上，在上帝的评判中并没有什么公平可言。兄弟二人都将自己最好的东西进献给上帝，该隐无法向上帝供奉绵羊，因为他的职责是在田间耕作。在这一点上我们同样可以在寻常家庭中见到类似的情况：当父母更加偏爱诸多兄弟姐妹当中的某一个时，便会引发孩子之间的竞争。该隐并不知道为什么上帝要冷落他，所以从客观上来讲，他的愤怒也实属合情合理。但是他却不能像孩子对自己的父母那样直接对上帝宣泄自己的愤怒，于是这种被压抑的愤怒之情最终带来了毁灭性的后果。孩子天生便会在内心深处对父母怀有一种深深的畏惧，不一定是因为父母本身就是令人恐惧的，而是因为在孩子的心里，父母像掌握生死的神一样存在着。

为此，该隐将心中的愤怒转嫁到弟弟的身上。我们常常害怕自己会将怒气发泄到我们所爱之人或是所畏惧之人的身上。这则故事最终的关键点并不在于兄弟之间的竞争，而是在于上帝完全根据自身的喜好而徇私。与谷物相比，上帝显然更喜欢羊，因此他也就更加喜欢亚伯，从而拒绝了该隐。素食主义者可能会质疑他的这一选择。当我们观察家庭中的变化，我们可以对父母偏心形成的原因进行心理学的分析。如果父亲对体育更加感兴趣而非艺术创作，那么他会更偏爱一个运动员儿子而不是音乐家儿子；注重外表的母亲会更偏爱漂亮的女儿，而不是虽然勤奋但相貌平平的女儿。就如家庭一样，生活本来就是不公平的。

在这个故事当中，问题并没有得到有效的解决。该隐被放逐，一路流浪。上帝并没有宽恕他。也许上帝会有些许内疚，因为这场兄弟相争的根本原因其实来自他。在家庭生活中也许会有有效解决此类冲突事件的方法，但前提是兄弟姐妹之间要坦诚相待，开诚布公地告诉彼此，对方的哪些行为让自己受到了伤害，以及受到伤害的那个人是否能够清楚地知道自己内心的愤怒其实是针对父母而非兄弟姐妹。或许对于那些如同故事中的上帝一样的父母来说，最大的错误在于他们不应该表现出明显的不公正以及不理性，且从未作出反思。也许上帝有权这样做，但是父母没有。该隐和亚伯的故事中所反映的兄弟之间的竞争并不是因为兄弟俩天生便反感对方，而是源自家庭本身所存在的复杂因素。如果我们情感上足够宽容而诚挚，我们便能看到事情的本质，到那时我们才会改变一直以来对该隐的印象，才会真正读懂孩子们的情绪。

阿瑞斯与赫菲斯托斯

谁得到了这个女孩?

这则希腊神话描述了兄弟俩为了争夺同一个女人而展开斗争的故事，以及由于父母的干涉所带来的更加深层的影响。阿瑞斯与赫菲斯托斯之间的斗争并不是因为他们在性格上憎恨彼此，而是因为他们的父母把他们当作游戏中的棋子。在心理学领域，我们将其称为“有条件的爱”，即如果孩子有所成就，父母才会给予孩子爱，以此作为交换。

阿瑞斯和赫菲斯托斯是天神宙斯与赫拉的两个孩子。我们曾经看到过赫菲斯托斯布满荆棘的童年以及最后与父母的和解。尽管在这篇故事中的说法略有不同，我们仍能从中看到很多的相同点。

阿瑞斯的童年与他的兄弟完全相反，在他出生的时候，一道曙光照耀在奥林匹斯山上。而与其兄弟不同的是，阿瑞斯的面容可谓完美无瑕。父亲的英姿和母亲的高贵不仅给了他俊美的面容，而且还有强健的体魄。

赫拉问宙斯，他会赋予这个英俊的儿子何种神权作为礼物，但是宙斯已经将日、月、海洋以及冥界全部送出了，以至于他实在想不出还有什么可以送给这个深受赫拉偏爱的儿子。最终，在妻子无休止地催促下，宙斯派使者赫尔墨斯走遍天国和人间，只为找寻到一件合适的礼物。可是赫尔墨斯不仅仅是宙斯的使者，他还是宙斯的另一个儿子，他并不喜欢这个同父异母的兄弟。尽管阿瑞斯长相英俊，但在赫尔墨斯看来，他却是一个无聊又粗暴的人。声音洪亮和蹬踹有力看上去就是他的全部技能。一方面出于对宙斯的忠诚，另一方面出于顽皮的恶作剧，他最后将那迷人的爱与欲望女神阿佛洛狄忒直接从海上带回了奥林匹斯山。她的美丽与高贵一定会使阿瑞斯这个新生的神眼前一亮。而她善于毁灭一切的性情同样令他印象深刻，虽然最初只有赫尔墨斯知道这一点。

当阿瑞斯的生日到来，整个神界都在为其庆祝的时候，赫尔墨斯将阿佛洛狄忒带到了阿瑞斯面前。不可思议的是，虽然阿瑞斯还只是个少年，可他在看到阿佛洛狄忒的一瞬间却显露出毫不掩饰的欲望。此时此刻，赫拉突然想到她的大儿子赫菲斯托斯，仍住在女神忒提斯所统治的海洋里。忒提斯在宴会上佩戴了一枚精美的胸针，赫拉见了也很想要一枚，便执意召见胸针的制作者，无奈之下，忒提斯只能不情愿地将赫菲斯托斯召上了奥林匹斯山，这也是自打赫菲斯托斯被驱逐出天界之后母子第一次相见。因为赫拉太想要那枚胸针了，所以她将赫菲斯托斯留在奥林匹斯山。借此赫菲斯托斯也有机会修复与母亲之间的裂痕。

在此之前，赫菲斯托斯并不知道自己想要什么，直到他见到了赫尔墨斯送给阿瑞斯的礼物，他立即知道了自己内心的渴望——他想要阿佛洛狄忒做自己的新娘。虽然宙斯从一开始就不同意赫拉执意促成的这桩错误的婚事，但赫拉为了得到那些漂亮的东西，不惜舍弃了英俊潇洒的战神阿瑞斯，转而关注那个患有残疾的艺术之神。因此，赫菲斯托斯便得到了阿佛洛狄忒，只剩下失落的阿瑞斯愤怒地哀号。

宙斯紧盯着这个英俊的孩子。因为伤心失望，阿瑞斯的心变得和他哥哥的身体一样丑陋。宙斯骤然间感到一阵厌恶，他咆哮道："仇恨！纷争！暴行！这些都是你天赋的神权！还有什么是适合你的？"他离开了神殿。

狡猾的赫尔墨斯随即前来安抚愤怒的阿瑞斯，少年突然咆哮说要占有大地。赫尔墨斯向阿瑞斯解释道，大地不会成为神的领地，它只属于它自己。但是阿瑞斯仍然无法释怀。他站在冥河边起誓，如果上天将大地赐予了任何人去统治，那么他一定会将其撕成碎片。赫尔墨斯听说后异常惊诧，难道大地真的会属于某一个人吗？因为那时人类还没有被创造出来。

评论：　　赫拉为她英俊潇洒的孩子寻找礼物，是因为她骄傲于他的美貌，但这与孩子的需求几乎没有什么关联。与其说是出于爱，这其中更多的是出于赫拉的虚荣心。宙斯也没有以负责任的态度为孩子选择礼物——有多少忙碌的父母，只是一门心思地专注于自己的事业，因为自己没有时间，便随随便便地让其他人为自己的孩子选择生日礼物，或是让他人出席学校演出。当赫拉发现赫菲斯托斯具有超凡的天分，能把她装扮得光芒万丈的时候，她便立即将注意力转向了他。而阿瑞斯，那个曾经备受宠爱的孩子，一夜之间便被晾在了一边。

这篇神话故事中另一个非常重要的主题在于宙斯和赫拉作为父母，都对自己的两个孩子抱以可怕的漠视。或许阿瑞斯暴戾乖张又任性，可他的性格中也有积极的一面，他富有力量、勇气和活力，因此他绝对是一个值得尊敬的神。如果宙斯和赫拉能够依照他的天性赋予他权力，以及能够给予他足够的爱，他一定会变得截然不同。奥林匹斯山上的父母们并没有将他们的子女视作独立的个体。相比之下，他们更关心子女能够带给自己什么。遗憾的是，这样的漠然在我们普通的家庭中也并不少见。或许后果没有神话中这般血腥，但这不经意间的忽视同样会对孩子造成莫大的伤害。另一个普遍的现象便是父母给予孩子的爱是建立在“孩子能给父母带来什么样的好处”之上的。不幸的是，很多好心的父母都是希望自己的孩子如他们所期望的那般优秀，因此他们也能为之感到光荣，可到了最后却以失望收场。其中的潜台词便是:“如果你成为我所期望的样子，我便会给予你十足的爱！”

但是有条件的爱所带来的隐患在于，它使每一个孩子都无法忍受。当一些孩子被教育要时刻取悦自己的父母或旁人，就好像阿瑞斯那样，他们便无法最大限度地发挥自己的聪明才智，最终只能令父母失望。到那时他们会觉得自己是被抛弃的人，进而将内心的愤怒转嫁给他人，因为在其内心深处，他们会觉得自己毫无价值。然而那些聪明的小孩却能讨人欢心，因此被善待。他们学会了如何通过取悦他人而实现自我价值，因此他们终其一生都只会思考别人要的是什么。无论赫菲斯托斯是否愿意，他都必须不断地为赫拉制作漂亮的饰物，因为一旦停下来，他就很有可能会失去母亲的爱。

阿佛洛狄忒不仅是爱神，同时她也代表着爱本身。起初她作为礼物被送给阿瑞斯确实是出于爱，可后来却因为赫菲斯托斯能够讨他母亲的欢心而被转送给了赫菲斯托斯。明智的父母不会在爱之上附加任何条件，而是会无条件地付出爱，因为每一个孩子本身都是值得被爱的。当然，这不能排除父母对孩子的管教，却可以避免父母对孩子的控制。这种控制会使孩子变为不诚实的人。无论我们的生活中经历多少的失望，我们的孩子都不应该按照我们的意愿去生活，也不应背上填补我们内心遗憾的重担。如果宙斯和赫拉能够看清这个简单的事实，也许一场战争便能就此避免。

洛摩罗斯与瑞摩斯

谁是最强大和最优秀的?

我们能够听到很多关于兄弟相争的神话故事，而绝大多数都是以悲剧收场。在这则古罗马神话中，兄弟间的仇恨并不来自父母，而仅仅只是来源于简单的嫉妒之心。兄弟俩执意要比出谁才是世界上最优秀的人。罗马人真实地描绘出了兄弟间的妒忌，以及两人之间的杀戮，进而影射出手足间亘古不变的争夺之心。

一个阳光明媚的下午，战神玛斯（即希腊神话中的阿瑞斯）在七座山峰中的一座山上的树林间行走，就是在那里，他遇见了正在小憩的美丽的瑞亚·西尔维亚。她是阿尔巴国王的女儿。尽管瑞亚·西尔维亚被奉为维斯塔贞女，可玛斯还是强暴了她。瑞亚·西尔维亚生下了一对双生子。她的父亲那时并不知道孩子的生父是一位神，为了掩盖她被强暴的事实，只能将两个孩子偷偷地装进篮子，放到台伯河里，任其顺流而下。

但是台伯河之神却知道事情的始末，他使台伯河水位上涨，因此装着双生子的篮子才能被安全地冲到一个树洞里。两个孩子惊恐万分，饥寒交迫，尽管号哭不止，却无人应答。附近的一头母狼却闻声而至，抚养起这兄弟俩。

最后，兄弟俩被一个牧羊人和他的妻子发现，他们觉得这两个孩子可怜，便将他们带回家抚养长大，并给他们取名叫洛摩罗斯和瑞摩斯。

长大后，兄弟二人变得和他们的生父一样强壮勇敢却又性情鲁莽。他们决定建立一个城邦，便开始仔细观察鸟儿的飞行，并请教占卜师，以此得到正确的预兆。（根据鸟儿的飞行进行占卜。——译者注）在占卜师的魔杖分配给洛摩罗斯的那片天空中出现了十二只秃鹫，但在属于瑞摩斯的天空中只出现了六只秃鹫。占卜师宣告洛摩罗斯为新城邦的合法建立者。（秃鹫被视作战神玛斯的圣鸟。——译者注）洛摩罗斯将犁套在一头白母牛和一头白公牛的身上，在土地上耕出犁沟，用以作为新城邦的边界。瑞摩斯虽然满心嫉妒，却故作不屑一顾地跳过边界，只为打击哥哥的自信心。一场纷争由此产生。先是瑞摩斯试图杀死洛摩罗斯，这使洛摩罗斯变得甚至比他们的生父玛斯还要残暴。虽说是出于自卫，洛摩罗斯终究还是杀死了自己的弟弟。

洛摩罗斯继续独自建立城邦。他所建立的城邦此后便被命名为罗马。为了吸引人口，他声称在城中为所有违法乱纪者修建了一个避难所，使其可以在里面安然度日。邻邦部族的女人们不愿意嫁给这些违法乱纪之徒，洛摩罗斯便带着他的追随者将其中一个部落首领的女儿抢夺回罗马城，罗马城未来的人口便有了保障。当洛摩罗斯完成了他的使命，玛斯便将其召回。洛摩罗斯在一次猛烈的雷暴中神秘消失了，此后便被罗马人奉为罗马之神。

评论：　　虽然谋杀在我们日常的手足竞争中并不常见，可成人间持续的冷漠与敌意却是童年时期的产物，自此竞争重于合作，嫉妒大过关爱。而对于诸如金钱、财产一类物质的保护欲在许多时候则成为兄弟手足间争吵的起因和源泉，特别是在涉及父母去世后财产继承的问题上。洛摩罗斯与瑞摩斯之间的争端即如此，并非为了争夺父母之爱。

当手足之间出现了此类问题的时候，父母又能做些什么呢？此类情况在两兄弟或两姐妹之间最为常见，在一些家庭中，手足之间的嫉妒之情会被相互之间的忠诚所平衡；相反，仇恨会毁掉良好的家庭氛围，并在孩子心里留下长久的伤痛。也许故事中便潜藏着解决问题的关键钥匙。瑞摩斯只有在他发现哥哥所做的占卜比自己的要受到喜爱的时候，换句话说，就是在他发现自己不如别人有价值的时候才会心生妒忌。此类竞争往往源于互相攀比，父母则需意识到这样的攀比究竟会导致多么危险的后果。“为什么你就不能像你哥哥那样在学校好好表现呢？”“为什么你就不能像你姐姐那样好好打扮自己呢？”“为什么别的同学都出去玩的时候你偏偏要坐在这儿看书呢？”“为什么你就不能像其他孩子一样与大家融洽相处呢？”这些来自父母、老师以及周围人的不经意的话都会使孩子之间的感情产生裂痕。在洛摩罗斯与瑞摩斯的故事中，占卜师扮演了这样的角色。而那个不负责任的父亲玛斯，他在致使瑞亚·西尔维亚怀孕后便再未尽到任何的责任和义务，因此便自然而然地失去自己的孩子。

我们也可以推断如果洛摩罗斯和瑞摩斯决定建造两个不同的城邦的话会产生怎样的结果。他们源自战神的天性并不适合协同合作。这是生活的事实，而非对性格宣判死刑。有时，明智之举是认识到，天生具有竞争意识的孩子需要一定的空间来发展自己的才能，如此才不会被兄弟姐妹的嫉恨所影响。每个儿童都需要空间去发展个人身份，因此，父母应尽其所能去支持这种自然和健康的个人发展。这样一来，爱、相互支持和友谊才会有成长的机会。兄弟姐妹之间总会存在一定程度的竞争。但是，适当地运用一点点智慧和觉察力，也许可以阻止这种竞争意识酿成恶果。

安提戈涅

超越生命的忠诚

这则希腊神话讲述了一个内心深处的爱与忠诚可以加深兄弟间感情的故事。虽然兄弟姐妹之间总是有很多潜在的问题，但同时也伴随着很多快乐和幸福。安提戈涅的故事为我们提出了一个道义上的难题——坚持对家庭的忠诚，还是依从社会的理念？

安提戈涅是底比斯王俄狄浦斯和他的母亲伊俄卡斯忒乱伦生下的两个女儿之一。虽然她的出身并不光彩，但她的性格中却充满了爱与忠诚，她所做的一切也都让人无从指责。当俄狄浦斯发现了自己与母亲那难以启齿的关系之后，便自愿被放逐出底比斯城，在他双目失明并受到复仇女神惩罚的时候，安提戈涅一直像一道光一样为他指引着方向。她陪伴着父亲在诸国间流浪了好多年。

在俄狄浦斯被放逐之后，他的一对双胞胎儿子波吕尼刻斯和厄忒俄克勒斯便一同接管了底比斯城。他们轮流执掌城邦很多年。但是当厄忒俄克勒斯的第一任期即将结束之时，他却不愿将权力交予他的哥哥，还将其驱逐出城邦。就此一场王位的争夺之战惨烈爆发。波吕尼刻斯为了避免进一步的杀戮，便向他的弟弟提出单独决斗以定胜负。厄忒俄克勒斯也接受了这样的提议。在随后的激烈斗争中，双方都给对方造成了致命伤。此时，他们的舅父克瑞翁随即接掌兵权，他杀死了自己的两个外甥，并声称自己才是底比斯城新一任的王。此外，他还不允许别人埋葬两个侄子的尸体。可如果没有葬礼，他们的灵魂就只能在冥河边游荡，永世不得安宁。任何人如果违反了这个规定便会立即被活埋。

但是深爱波吕尼刻斯的安提戈涅却深知挑起战争的是厄忒俄克勒斯。于是她在晚上偷偷地潜出城，为波吕尼刻斯堆了一个柴堆，将其火化，使其灵魂得以安息。此时克瑞翁从窗口看到了远处的火光，似乎是从燃烧着的火葬柴堆上发出来的。他顺着火光找到了正在火葬的安提戈涅，惊讶于她的抗旨行为。于是他命令他的儿子，同时也是安提戈涅的未婚夫海蒙亲手将安提戈涅活埋。海蒙没有执行他父亲的命令，反而与安提戈涅偷偷地结了婚，并且将安提戈涅送往民间与牧羊人同住，就是在那里，安提戈涅为海蒙生下了一个儿子。自此，安提戈涅在死亡面前的无所畏惧和对信念的坚持使其得到了新生，改变了死亡的结局。

评论：　　安提戈涅为我们展示了一个在死亡面前绝对忠诚的典型形象。这是一个对自己哥哥没有丝毫嫉妒之情的妹妹，意识到命运对哥哥的不公，于是向命运发起挑战，并尽其所能地去改变命运。她这种不向命运和不公低头的精神同时也感染了她的未婚夫，使其违背了父亲的命令而救了她。

除了安提戈涅对她哥哥的忠诚之外，这则故事中还有很多隐喻。自封为底比斯城之王的克瑞翁，制定了当时的法律和法规。虽然这些规则可能是靠强力推行的，但它们也反映了制定规则者的个人价值和抱负，当然，它们的最终正当性是会受到质疑的。那些盲从他们所定义的对与错的人，可能像克瑞翁一样，只能依靠他们手握的权势得到些许安慰，内心实则是空虚的。因此，当规则更替变迁时，在任何特定时间被认为是“社会性正当”的东西，可能会在后世被驳斥和批判。而像安提戈涅一般睿智而通透的人却能够超越世俗的眼光去看待问题，并遵循自己内心的声音。

尽管孩子们很少需要在熊熊大火前舍身保护他们的兄弟姐妹，但安提戈涅所做出的决定却反映了一颗坚定的心所具备的强大的道德和情感力量。安提戈涅的举动不仅救赎了波吕尼刻斯游荡的灵魂，而且使原本内心邪恶的克瑞翁得以转变。这则故事的深意在很多兄弟姐妹身上都有所体现，同时这也是家庭中最大的乐趣所在。底比斯的家庭神话，本是一出悲剧，它以俄狄浦斯的出生为开端，整个家庭中充满了一桩又一桩罪行，它比我们所看到的任何一部电视剧都要惨烈。然而至此，安提戈涅与波吕尼刻斯之间的故事使我们看到了家庭成员之间的相互依赖与爱可以救赎一切，并为彼此塑造一个美好的未来。

第三章

家族遗产

神话故事是祖辈留下来的一笔宝贵的遗产。与今天一般谈论不同，当我们在说起家族遗产的时候，神话故事会从心理学层面为我们描绘出一幅清晰的图景——悬而未决的冲突和困境会代代相传，直到一个足够诚实和勇敢的家庭成员挺身而出，抱着解决问题的心态加以化解。神话故事中的家族遗产可能具有积极的意义，也可能是消极的，当然也可能二者兼备，但它总是与神的赠予相关联，后人或以正面心态，或以傲慢无知之心运用它。

风之子

不知晓谦卑的智慧

这则希腊神话所关注的是一个家庭最大的秘密——我们的天分从何而来？故事讲述了神所赐予其人类子孙天分的故事。我们常说所谓天分，并不属于我们自己，而是神的赠予。人只是用这天分让自己有了创作的能力。可与此同时，如果人们不能很好地利用这种天分，便会酿成灾祸。我们应该用自己的天赋去服务于生活，而不是控制生活。

风神的名字叫作埃俄罗斯，他是那样聪明而且创造力非凡，正是他发明了船帆。同时他也是一个虔诚尽责且刚正不阿的神，因此他的父亲海神波塞冬赋予他掌控风的力量。埃俄罗斯的儿子西西弗斯继承了他的智慧、适应能力和聪明才智，但不幸的是，没有继承他的虔诚。西西弗斯生性狡诈，他通过欺诈赢得了一个王国；一旦大权在握，他便成了一个暴君。让敌人跪地，再用乱石砸死，他还大肆处罚那些行事鲁莽、涉险好客的富庶旅人。西西弗斯最后的行为愈发变本加厉，竟然连众神之王宙斯也敢欺骗。

当宙斯掳走一个人的女儿并把她藏起来的时候，知悉此事的只有西西弗斯，他向宙斯保证会保守秘密。但收取了该父亲的贿赂，西西弗斯还是告诉了该父亲其女儿的藏身之所。为了惩罚泄密的西西弗斯，宙斯判处其死刑。可是聪明的西西弗斯欺骗了冥王哈得斯，把哈得斯绑了起来，锁在地牢里。既然冥王已被囚禁，那么世间凡人都不会死亡。这尤其令战神阿瑞斯恼怒，因为世界各地的人类在战争中被杀死后，都能起死回生，再次战斗。最终，阿瑞斯解救了哈得斯，他们两人押着西西弗斯到了冥界。

西西弗斯拒绝承认失败，他又耍了另一个把戏来逃脱命运。当他到达冥界时，他直接找到了冥后珀耳塞福涅，抱怨说他被活着拖了下来，都没有举行葬礼。他需要三天的时间来安排后事。珀耳塞福涅轻易就信了他的话，西西弗斯回到了尘世，继续逍遥快活，就像以前一样。在绝望之中，宙斯派出比西西弗斯还要聪明的赫耳墨斯，将其绳之以法。冥界的判官根据西西弗的诡计和他用石头杀人的残忍方法，对他进行了惩罚。他们在他上方陡峭的山坡上放了一块巨石，他若想让石头不至于滚回来砸到自己，唯一的办法就是不停地把石头往上推。哈得斯承诺，如果他能成功地把石头推到山顶上，再推到对面的山坡上，他的惩罚就会结束。西西弗斯费了很大的劲，才把大石头推到山顶，但那块大石头总是在戏弄他，次次从他的手中滑落，一路滚着下了山坡。周而复始，永无宁日。于是西西弗斯只能日复一日地重复着这种酷刑。

当西西弗斯回到人间，他有了子孙后代。他们也继承了埃俄罗斯掌控风的能力，却没有很好地利用这一能力。西西弗斯的儿子名叫格劳科斯，他是一个优秀的骑手，但是受到阿佛洛狄忒的嘲讽之后，便拒绝让自己的母马繁育小马驹。他希望这些马更加精壮。但是阿佛洛狄忒却为此异常恼火，她觉得这完全有悖于自然规律，只不过是人类强加给马的一种暴力和限制罢了。于是她趁着夜黑风高，悄悄地将格劳科斯的马悉数带到外面，喂它们吃了一种特殊的草料。第二天，当格劳科斯将所有的马都赶到马厩里，并将它们一起套在马车上时，所有的马便开始狂奔，将格劳科斯拽倒，最后吃掉了他。

格劳科斯的儿子名叫柏勒洛丰，这个长相俊美的年轻人继承了曾祖父埃俄罗斯的聪慧和机敏，也继承了他的祖父西西弗斯的火暴脾气以及父亲格劳科斯的傲慢自大。有一天，柏勒洛丰在与他兄弟的激烈争吵中，失手杀死了兄弟。震惊之余，他发誓再也不在人前释放自己的脾气了，并从自己的国度落荒而逃。

他曾到过很多的国家和城邦，最后到达由石头搭建的提任斯城堡，那儿的王后为他所着迷，并叫他当自己的情人。柏勒洛丰很明智地拒绝了。但是在此之前没有人能够拒绝王后，在羞辱和愤怒之下，王后偷偷找到丈夫，指控柏勒洛丰强奸未遂。国王不愿惩罚柏勒洛丰，也不愿冒着被复仇女神惩罚的风险直接杀死一名乞求者。因此，他派柏勒洛丰去见他妻子的父亲，也就是吕西亚的国王，并带了一封密信，信上写着：请处死这位送信人，他试图侵犯我的妻子，你的女儿。

吕西亚国王对这个年轻的英雄提出了一系列几乎不可能达成的要求。第一个便是杀死附近山上的喷火怪兽喀迈拉。这个怪兽为祸四方，闹得人心惶惶，生灵涂炭。柏勒洛丰非常聪明，他很快便意识到自己需要帮助。于是他去询问了先知，先知给了他一张弓、一筒箭以及一柄长矛。之后柏勒洛丰便启程去往一个神奇的喷泉，在那里他捕获了天马珀伽索斯。柏勒洛丰必须驯服天马，给它套上缰绳，然后才能骑上它前去与喀迈拉战斗。

所有准备工作做好之后，柏勒洛丰前去与喀迈拉战斗，他将长矛投进了喀迈拉的喉咙，长矛的铅头熔化后流入其肺部，使其窒息而亡。回到吕西亚王国之后，国王却派人来杀他，他从空中投掷石块，打败了敌人。最终，国王认可他是胜者，将公主嫁给他，并且赠予他一半的王国。

此前，柏勒洛丰凭借自己祖先所赋予的智慧和勇气，同时抑制住了他的傲慢和冲动，通过了所有的考验，但是他终于知道，这些考验的背后都是提任斯王后在操控着一切，于是他变得异常愤怒。他跳上天马珀伽索斯，去往提任斯城堡，将王后带往万尺高空后扔下摔死。柏勒洛丰因拥有双翼飞马而变得非常傲慢，尽管他是个凡人，却想骑乘珀伽索斯到奥林匹斯山参加神祇们的集会。结果触怒了众神，宙斯差遣了一只牛蝇去蜇珀伽索斯，那匹天马往后一退，让柏勒洛丰从马上摔落坠地而亡。

评论： 人们经常为天分是不是一种我们从祖先身上承袭下来的东西而展开讨论，从环境到教育，到文化熏陶，这其中所有的因素都能够解释智慧通常都是在整个家族中沿袭的。然而，无论我们的聪明才智是否为祖先遗传而来，使我们能够以智慧的方式去利用它们的却是人的成熟度以及道德准则。这些不是我们与生俱来的，而是通过后天的不断努力修炼得来的，正如父母手把手地教育孩子什么才是生命中最重要的东西一样。

古希腊人相信天分是祖先留给他们的礼物，他们认为神或是如埃俄罗斯一般的半人半神，都是站在人神分界线的另一边，然后他们的子孙后代便继承了他们的某些特征或天分，也许这些特征会随着时间流逝逐渐变淡，却永远都会烙印在每一个家庭成员的身上。天分，在古希腊神话中还体现在音乐、军事才能以及预言天赋上。

一半是神一半是风的埃俄罗斯是一个虔诚而可靠的神，但是他的儿子西西弗斯却因既缺乏良知又不知谦让而受到了严重的惩罚。我们如何给孩子树立一个正确价值观的框架，在这个框架中，他们可以自由施展自己的才能，而不至于变得傲慢、陷入狂妄自大的幻想？过于拘束的条条框框会扼杀人才，没有框架则会导致潜能就此沉寂或天赋挥霍一空。在风神后裔的故事中，一个重要的特征是，父亲并未帮助他们的孩子树立一个这样的框架。天赋虽遗传而来，但没有爱与支持在旁引导，让它在认识到人类的局限同时成长。埃俄罗斯忙于统治风，无暇顾及西西弗斯；西西弗斯忙于欺骗旅人而无暇顾及格劳科斯；格劳科斯醉心于战车比拼而无暇顾及柏勒洛丰；而柏勒洛丰，这一行中最吸引人的也是最像他的祖先埃俄罗斯的人，最终无法控制自己，因为没有人教过他怎么做。他在愤怒中杀了他的兄弟，只有在那时，他才意识到自己的巨大弱点。虽然他已经是一个成年人了，知道自我约束，也知道该做什么。但是，当危机来临的时候，他可以抗拒女人的诡计，却不能抗拒自我膨胀带来的灾祸。

这则关于一个聪明却狂妄自大的家族的故事教会我们很多关于选择和责任的道理。神话故事中的英雄们，无论男女，都是某种特殊能力的象征，都能给我们带来其各自的意义。因为每个人都有一些天赋的技能，所以在古希腊人看来，我们都是神的后代，因此，我们才有能力驾驭上天赐予我们的天分，无论是好是坏。我们的天分或许来源于环境，或许来源于我们的眼睛和头发的颜色，或者二者都有。这则故事告诉我们，天分其实是一把双刃剑，如果不尊重天分本身的价值，那么它就自然会作用到我们自己身上。

底比斯城

冒犯神明

这是古希腊神话中一则关于家族诅咒的故事。一家人连续几代都被神所惩罚。从现代心理学角度出发，我们可将其视为悬而未决的家庭矛盾。我们会发现自己正面临着父辈未能解决的问题，而父辈所犯下的错也会转嫁到子辈的肩上去承担后果。家庭成员们时常因为判断错误、狂妄自大、麻木不仁或是愚昧蠢笨而冒犯神明。只有当这个家族不复存在，受其统治的城市被解放了，诅咒才会被解除。之所以没有救赎，大多是因为没有人吸取过去的教训，也没有人以谦卑的心态去敬畏神明。

拉伊俄斯曾经是底比斯城邦的统治者。苦于多年没有子嗣，他私下向阿波罗请教了德尔斐神谕。神谕指示道，他之所以没有子嗣，其实是上天对他的眷顾，因为他的妻子伊俄卡斯忒生下的孩子最终会将拉伊俄斯杀死。得知此事后，拉伊俄斯未做任何解释，便将妻子伊俄卡斯忒狠心抛弃了。愤怒的伊俄卡斯忒在夜幕降临之时将拉伊俄斯灌醉，随即引诱他与自己交媾。九个月之后，伊俄卡斯忒生下了一个男孩，拉伊俄斯将婴儿从保姆的手中夺过，用钉子刺穿他的脚，将其抛弃在山上。这是底比斯城第一次激怒神灵，因为同为孩子守护神的太阳神阿波罗和他的妹妹月亮女神阿耳忒弥斯注意到了拉伊俄斯的暴行。

经过他们的救治，孩子幸免于难。一个科林斯牧羊人捡到了他，并将他带回科林斯城。见到他的脚被钉子刺伤，便给他取名叫俄狄浦斯（就是肿胀的双脚的意思）。科林斯城的国王和王后一直膝下无子，又极想要一个孩子，所以见到孩子之后决定将他当作自己的孩子一般抚养成人。俄狄浦斯在成长的过程中一直觉得自己今后会继承科林斯国王的王位。但是某一天，一个科林斯城的年轻人嘲讽他，说他与国王和王后长得完全不像。于是俄狄浦斯来到德尔斐神庙，向神询问他的未来。阿波罗警告俄狄浦斯说他有朝一日会弑父娶母。

震惊之余，俄狄浦斯决定再也不回科林斯城，他决心证明神的预言是错的。然而这也是底比斯城第二次激怒神明，没有人谁能够挑战阿波罗神的意志而不受惩罚，无论这样的意志是多么残酷和不可理喻。就在神庙附近的山谷中，俄狄浦斯与拉伊俄斯国王狭路相逢（他并未认出拉伊俄斯）。拉伊俄斯命令眼前这个陌生的年轻人为上等人让出路来，俄狄浦斯瞬间大怒，他表示在他心里，只有父母和神明能够凌驾于自己之上。他不知道自己这句话的可笑之处。为了报复俄狄浦斯，拉伊俄斯故意驾着马车轧过他的双脚，使得他旧伤复发。盛怒之下，俄狄浦斯将拉伊俄斯摔在地上，骑着马从他的身上踩过，并且使其暴尸荒野。

这期间，底比斯城内正遭受毒咒的惩罚。拉伊俄斯本来是在前往德尔斐的路上，想要问解决可怕的斯芬克斯骚扰底比斯城的办法。这个狮身人面女妖是女神赫拉派来惩罚底比斯城的，因为拉伊俄斯绑架并强奸了一名小男孩（这是底比斯城第三次激怒神灵，因为赫拉是家庭的保护女神）。女妖在底比斯城的城门口驻扎下来，过往的行人都必须解答她出的谜语："什么动物只发出一种声音，有时候却是两条腿，有时候是三条腿，有时候是四条腿，而且腿最多的时候反而最弱？"破解不了谜语的人会被当场吞食，所以，城门口沿路都是残肢断臂。

而此时，犯下罪行的俄狄浦斯刚刚到达底比斯城。他进城后便破解了斯芬克斯的谜语，谜语的答案就是人，幼年（早晨）时候用四肢爬行，青年（中午）时走路，老年（晚上）时用拐杖。这使得斯芬克斯在羞愧中自尽。拯救了底比斯城的俄狄浦斯受到人民的推崇，被选为国王，按照习俗与失去了丈夫的王后伊俄卡斯忒成婚。

俄狄浦斯在不知不觉间犯下了“弑父娶母”的大罪，一场神安排的瘟疫降临到底比斯城。国王向神祇请示，想要知道为何会灾祸不断。德尔斐神谕说：“把杀害拉伊俄斯的凶手驱逐出境！”俄狄浦斯不知道他在路上遭遇的是什么人，就对杀害拉伊俄斯的凶手下咒，判他终生流浪。因此，他实际上是对自己下了咒。最后在一位盲人先知的揭示下，俄狄浦斯才知道他是拉伊俄斯的儿子，终究应验了他之前弑父娶母的不幸命运。

羞愤不已的王后上吊自杀，俄狄浦斯从她的衣服上取了一根针，刺瞎了自己的双眼。随即俄狄浦斯便被复仇女神追赶，并最终被伊俄卡斯忒的哥哥克瑞翁驱逐出了底比斯城。就在他离开底比斯城之前，他对他的两个儿子，抑或说是他的两个兄弟厄忒俄克勒斯和波吕尼刻斯，进行了诅咒。因此，底比斯城又一次触怒了神明。他的女儿，也是他的妹妹安提戈涅引领他在外游走多年，最后俄狄浦斯来到了阿提卡半岛，在那里复仇女神放过了他，他得以平静地死去。

即便如此，和平并没有降临底比斯家族。我们在前一章的故事中看到俄狄浦斯的女儿安提戈涅违背了克瑞翁的命令，释放了波吕尼刻斯的灵魂，因此被判处死刑。由此，我们也可以看出俄狄浦斯的两个儿子是如何为了争夺王位而双双毙命。即便波吕尼刻斯、厄忒俄克勒斯两兄弟，还有他们的舅父克瑞翁都已死去，冲突却仍不见平息。波吕尼刻斯的儿子在日后也开始争夺王位，他作为俄狄浦斯的孙子理应得到继承权。然而在战争中，他和他的盟友失散了。底比斯城被摧毁，神明对于拉伊俄斯及其子孙后代的诅咒也就此结束。

评论:　　这则神话在心理学层面具有怎样的意义？其实每一个家庭中都会存在两代人甚至是三代人之间无法解决的冲突和问题，但如果上一代人不愿面对和解决问题，那么这些问题便会自然而然地传给下一代人。我们每个人都是一个独立的个体，但是我们却又都秉承着父辈所传给我们的态度和观点。如果我们意识不到自己从祖辈所传承下来的心理模式，就会大大影响我们对待自己孩子的方式。

在这篇神话里，问题的根源来自拉伊俄斯，他不听阿波罗的警告和劝阻，休弃了自己的妻子。这本身并不是什么冒犯神明的事，但拉伊俄斯却没有与伊俄卡斯忒好好地说明事实的真相，羞辱她导致自取灭亡。夫妻之间的这种疏于沟通从古到今都是一个非常普遍的问题。拉伊俄斯未做任何解释便将妻子弃之不顾，他所关心的只是自己的命运而已。但在我们能够同情他内心恐惧的同时，我们也看到正是他对孩子的冷酷无情触怒了神明。然而，对拉伊俄斯的毁灭并未随着他的死亡而终止，而是潜藏在了他的儿子俄狄浦斯的身上。

俄狄浦斯本身便存在着两个致命的缺点：第一，他不能管理好自己的情绪；第二，他不能平静地接受神谕所示的预言。父子俩是如此相像，他们都不愿对神明的意愿低头，却又都将自身的利益放在首位。深受这一恶习困扰的，不仅是拉伊俄斯和俄狄浦斯，还有伊俄卡斯忒的哥哥克瑞翁以及俄狄浦斯的子孙后代。整个家族都对爱、怜悯和谦逊置若罔闻，不屑一顾。

故事中血腥暴力的本质其实能给我们以足够的警示。生活中有多少夫妻疏于彼此沟通，以至于对方根本不知道自己为什么要做出这样或那样的决定，又有多少夫妻并不愿意去探寻究竟自己为何会被抛弃。他们不去寻找事情的缘由，而只是一味地打击和报复对方。而在家庭生活中，藏匿着多少欺骗和谎言，以及愤怒和暴力？兄弟姐妹之间又存在着多少足以引起纷争，甚至是毁灭整个家庭的嫉妒之心？

幸运的是，我们所犯的过错比底比斯家族轻得多，当我们伤害了别人的时候，我们还有机会道歉以获得原谅，或是在明白生活不可能时时刻刻都按照我们的意愿行进的时候潇洒放手。这则故事所有的外延都证明了，无论在什么样的家庭里，只要家庭成员的内心充满仁慈、怜悯、耐心以及退一步海阔天空的大度，都会使整个家庭免受诅咒，从而获得自由。底比斯城的毁灭并不是因为愤怒的神明，而是因为人类对自己所犯的错误没有一点改正的诚意，错误一代接一代地累积，直到积重难返，整个家族解体，造成无可挽回的损失。

阿特柔斯家族

被救赎的家族诅咒

虽然这则故事中的大多数家庭并不会同意杀害或吃掉自己的孩子，但其中也确实存在着从祖辈开始便将暴力传给后世子孙的情况。心理学家和社工经常会遇到这样的典型案例，有着暴力倾向的父母将暴力倾向传给自己的孩子，由此这种暴力倾向会一代又一代地传下去。最终我们所有人都需要想办法去解决这样的心理问题。俄瑞斯忒斯与阿特柔斯家族的这则故事便为我们讲述了如何通过谦卑、诚实、承受苦难、对神和生活的信仰来救赎家族诅咒。

坦塔罗斯是吕狄亚的国王，他与众神灵都保持着良好的关系，尤其是与宙斯的关系特别密切。宙斯经常邀请他去奥林匹斯山赴宴，享用那里的美酒佳肴。坦塔罗斯很想在众神心目中留下深刻印象，就请奥林匹斯众神去他的宫殿享受宴席。可是，他发现贮藏的食品太少，不够这么多神灵享用，又担心众神吃不饱会怪罪于他，于是为了自己的"脸面"，竟然杀死了自己的儿子珀罗普斯，然后把尸体一片片割下来炖肉给众神享用。可是当众神发现了自己餐盘里的东西怪怪的，皆因惊恐而退缩。坦塔罗斯犯下如此重罪，受到永世折磨的处罚，他的后代也因此遭受诅咒。与此同时，众神让珀罗普斯复活，后来他长大成人，生下三个儿子。两个大一点儿的儿子一个是阿特柔斯，另一个是堤厄斯忒斯，这两兄弟都嫉妒最小的弟弟。只因为父亲最喜欢这个小儿子，两兄弟便杀害了他。珀罗普斯发觉了他们的罪行，就诅咒两个儿子和他们的后代。这是坦塔罗斯家族后人身上所承受的第二道诅咒。

阿特柔斯结了婚，之后竟发现妻子曾与兄弟堤厄斯忒斯行苟且之事，于是怒火中烧。后来有一道神谕传来，说是兄弟之一会成为迈锡尼的国王。可想而知，兄弟两个争吵起来。阿特柔斯还在为妻子的不忠而懊恼，便将堤厄斯忒斯赶出城去，自己掌管了王国统治大权。可是，权力并没有缓解阿特柔斯对兄弟的愤怒。他想再次惩罚堤厄斯忒斯，便假装希望达成和解，邀请兄弟前来参加友好的重逢宴会。主菜跟他祖父坦塔罗斯的菜谱如出一辙，阿特柔斯杀了堤厄斯忒斯的几个儿子，炖熟之后，将菜端给不知情的父亲吃。堤厄斯忒斯得知这一切之后，便对阿特柔斯及其后代施以诅咒。这是坦塔罗斯后人所承受的第三道诅咒。

此后，堤厄斯忒斯接到阿波罗的指令，要他报复杀害孩子的仇人。堤厄斯忒斯现在只剩下一个女儿了，叫佩洛皮娅。他在黑暗中强奸了她，之后就藏了起来。佩洛皮娅不知道攻击自己的人到底是谁，而且怀上了他的孩子。她的身边只剩下一把剑，是那个不知其真实身份的男子留下的。因阿特柔斯已经将不忠的妻子休掉了，佩洛皮娅之后便与阿特柔斯结了婚。阿特柔斯很高兴，因为佩洛皮娅很快便生下一个儿子，取名为埃癸斯托斯。他愚蠢地以为这个儿子是他自己的孩子，因此也不会受到家族血仇的影响。但是，神灵的诅咒并不会因为人们美好的愿望而结束。一场旱灾袭击全国，神谕传来，说只有召回堤厄斯忒斯，灾难才会结束。

阿特柔斯最终找到了堤厄斯忒斯，并将他囚禁起来。他派埃癸斯托斯，也就是佩洛皮娅的小儿子，前去完成他成为男子汉的第一个任务，那就是举起母亲的剑，杀死囚犯堤厄斯忒斯（而他才是这个男孩真正的父亲）。当这个男孩举起剑进入堤厄斯忒斯的囚室，堤厄斯忒斯立即就认出了自己的宝剑。他派人叫来女儿佩洛皮娅。得知事情的真相后，佩洛皮娅举剑自刎。年轻的埃癸斯托斯最终发现了自己真正的身世，决定对阿特柔斯复仇。他拿起这把染血的宝剑回到阿特柔斯那里，杀死了他，堤厄斯忒斯替代兄长成为迈锡尼的国王。

在这期间，阿特柔斯的儿子阿伽门农被仆人所救，幸免于难，并在流亡中长大成人。成年以后，他娶了斯巴达王的女儿克吕泰涅斯特拉为妻，斯巴达王后来帮助阿伽门农夺回了迈锡尼的王位。堤厄斯忒斯和他的儿子双双被逐，不久之后堤厄斯忒斯便在流亡途中亡故。

克吕泰涅斯特拉为阿伽门农生下一个儿子和三个女儿。阿伽门农是希腊的军阀之一，参与了特洛伊战争。为保证船队得以顺利出航，他决定将自己的女儿伊菲革涅亚进献给女神阿耳忒弥斯。他欺骗自己的妻子说女儿其实是要被嫁到远方，但实际上被送去当作祭品。最终克吕泰涅斯特拉发现了阿伽门农的诡计。当阿伽门农还在与特洛伊人作战时，他的妻子对女儿的死感到无比愤怒，于是有了情人埃癸斯托斯，而埃癸斯托斯正是堤厄斯忒斯的儿子。埃癸斯托斯早就化装混进了宫中，并在阿伽门农出征以后勾引他的妻子，也就是皇后克吕泰涅斯特拉。他们一起密谋杀害阿伽门农。当阿伽门农从特洛伊战场归来，在他沐浴时，克吕泰涅斯特拉和埃癸斯托斯一起将阿伽门农砍成了碎片。

阿伽门农的儿子俄瑞斯忒斯在克吕泰涅斯特拉与情夫密谋害死阿伽门农的时候被支走了，现在，阿波罗前来将其父亲死亡的真相告知于他，并要他为父亲报仇。俄瑞斯忒斯表示强烈的抗议，说父母之间的争吵其实与他无关，他不想参与任何一种形式的杀戮。但是，阿波罗神说得明白，无论喜欢不喜欢，俄瑞斯忒斯都是阿伽门农的儿子，因此有责任替父报仇。如果俄瑞斯忒斯不服从，那么神明将会想尽一切办法让他余生过得不顺畅。俄瑞斯忒斯知道，如果他杀死自己的母亲，复仇女神就会对他进行疯狂的报复，因为复仇女神是冥界的女神，她护卫的是世间所有母亲的权利。无论做什么，他都不会有好结果。最后，俄瑞斯忒斯勉强决定，自己还是应该站到父亲一边，因为他也是个男人。就这样，他杀死了自己的母亲和她的情夫。

复仇女神果然如期而至，她使得俄瑞斯忒斯精神失常。经过一年的精神折磨和打击，他去了雅典，来到雅典娜女神的神庙寻求保护。雅典娜女神跟第一个由人类组成的陪审团一起做出了裁决，认为俄瑞斯忒斯无罪，并使他的家族从此摆脱了诅咒。最后，他结了婚，继承了斯巴达的王位，重新开启了一个新的谱系，过往的家族血仇就此结束。

评论：　　这个黑暗又血腥的故事中，残忍的行径从坦塔罗斯开始，为了让诸神开心，他毫不犹豫就杀害了自己的儿子，用以蒙骗诸神。我们一定会想到某些父母，他们把自己的野心置于孩子的幸福之上。有这样的父母为例，珀罗普斯对自己的儿子麻木不仁就没有什么奇怪的了。我们在前面一些故事里也曾看到，父母的偏爱会在子女之间引发愤怒和敌意。在这个故事里，阿特柔斯和堤厄斯忒斯兄弟就受到了父亲的诅咒。如果兄弟姐妹之间累积的嫉妒爆发出来，有准备的父母是能够帮助他们疏导自己的情绪的，因为他们会寻找引发矛盾的深层原因，但是，珀罗普斯却煽动起更大的仇恨。这种行为在日常生活中也很常见。一些父母会对孩子说：“因为你行为不端，所以我不再爱你，不再需要你了。但愿你一路倒霉，希望你过一辈子悲惨的生活。”

贯串全篇的是这么一个主题，那就是残害孩子的意愿，要么是为了满足自己扭曲的情感，要么是为了满足物质上的收获。在现代家庭中，这种残忍行为有时候是真实存在的，暴力和性虐待也会像古希腊时一样发生。但是，更常见的残忍行为却是微妙的，通常会与父母的爱和深切关怀同时存在。如果我们不承认孩子的情感和特质，而是将我们自己的情感、愿望和期待强加给他们，并且以孩子的个性为代价，那么，我们距离阿特柔斯家族的残忍程度，远比我们想象中的还要近。

与底比斯家族的故事有所不同的是，尽管发生了那么多可怕的事情，这个故事却没有以悲剧告终。在俄瑞斯忒斯身上，我们看到冲突得以化解的征兆。俄瑞斯忒斯并不想参与家族的罪恶，这跟我们大多数人都是一样的。可是，他却没有选择。对于我们自己的生活来说，这意味着什么呢？当父母带着对彼此的仇恨分手，或者带着敌意继续生活下去，孩子经常被逼得非得站到哪一边去不可。有些父母甚至试图利用孩子作为彼此仇恨的武器，因此就会鼓励孩子的这种行为：让他们明确对己方的支持而否认对另一方的爱。孩子则期望以这种形式化解矛盾。有多少母亲因感觉自己没有被另一半“善待”而去说服孩子，对他们说父亲是个十足的坏蛋，不配得到孩子的爱？有多少父亲因为无法满足妻子的情感需求，就利用可爱的女儿制造一个充满幻想的世界，让女儿排斥母亲，甚至将女儿视作妻子的替代品？

小的时候，也许我们都曾被迫要在争吵的父母之间做出一个选择。可是，我们究竟要站到哪一边去呢？无论抛弃了谁，我们都会感到内疚，那么我们将如何带着这样的内疚继续生活下去？一开始，我们也许被迫挑选一个立场，以便从情感上抵御内部和外部的冲突。可是，在选择一方而反对另一方的时候，我们一定会不可避免地感到痛苦。直到我们成熟，直到我们有能力退回一步，把父母双方都看作落入陷阱的人，他们被困在了一个错误和无意识的怪圈之中，而这样的错误恰恰是延续了多少代人的结果。

在阿特柔斯家族的故事里还有另一层深意。俄瑞斯忒斯之所以找到了救赎的办法，是因为他自己有足够的耐心，承受住了痛苦，也接受了神明的意愿。但他也是通过众神的帮助才得到了救赎。尤其是女神雅典娜，她建立了一个人间的陪审团，在阿波罗和复仇女神之间做出了调解。这意味着什么呢？雅典娜是智慧女神，她和人间的陪审团体现着人类思维的能力，能够分析、反省和确认冲突双方各自所持的观点，无论这冲突是来自内部还是外部。雅典娜使参与的各方都有机会表达自己对该问题的意见和看法。概括地说，使她人格化的不仅仅是意识，还有沟通交流以及倾听各方意见的意愿。这位女神让我们想到，如果能够找出一个办法来抵御诱惑，而不是把自己最强烈的情感表现出来，并且开始诚实反省和交流，那么，哪怕是阿特柔斯家族，也可以从诅咒中被解救出来。

正如世间并没有免费的午餐，这样的意识大多必须经历痛苦的洗礼方能得到。懊悔和补救也许是必要的一步，由此我们才能拯救自己的家庭。我们也必须为自己和亲人犯下的错误进行忏悔，并付出代价，哪怕有些错误是远在我们出生之前便已经存在的。生活并非总是公平的，在俄瑞斯忒斯那里发生的一切，显然也没有什么公平可言。可是，他所经历的一切以及最终的解决方案却使我们明白，每个人都有潜力洗清过往的罪恶，都有可能从过去的苦难当中解脱出来，并全心全意地理解我们所挚爱的亲人。

第二部分

学会独立

每个人的内心都有一股神秘的力量驱使自己慢慢脱离家庭、伙伴以及群体生活的环境，逐渐变成一个独一无二的自己。但是正如神话故事所讲述的一样，独立的过程是艰难的，有时甚至是充满痛苦的。它不仅要求我们自身具有面对内部和外部所有挑战的强烈意愿，同时还要求我们具有独自抵御周遭一切妒忌与敌意的能力。神话为我们展示出我们究竟要面对多少艰难险阻才能真正离开家，实现真正的独立自主。不仅如此，故事中还体现了个人决心、意愿在这一过程中能够起到多么重要的作用。我们也许经常意识不到自己在寻求独立的过程中究竟能够承受多大的挑战。在这些方面，神话不仅仅能够让我们洞悉一切，更能为我们消除一个误解，那就是自身的发展并不等同于自私自利。当我们在自身都没有得到更好的发展的时候无法向他人提供些什么。

第一章

离家

在家庭生活中，孩子离家应该算是最为普遍的经历了。为了实现独立，我们必须从心理上脱离我们一直依赖的环境。为了达到这一目的，我们还需从肉体上脱离自己的父母和家庭，由此我们才能清楚地认识到自己的思想、感觉、信仰、价值、天赋以及需求。离开家并不意味着家庭生活是不好的。那些害怕踏上人生之旅的人，比起那些带着信心和希望步入社会的人，更有可能遭遇家庭方面的问题。离开所爱的人是一种痛苦，如果我们所爱的人不愿意让我们离开，那这种过程无疑会变得更加痛苦；但同样，当我们发现自己有能力做决定并为自己的生活负责时，我们也会感到快乐。

亚当和夏娃

放弃天堂

亚当和夏娃的故事关乎分离与失去。我们会相信这都是真实的，我们会将其视为道德的典范，或者我们还会将其看作一则讲述孩子从出生那一刻开始便与母亲分离的寓言。它在很多层面上都是真实的，但是其中最为重要的一部分便是它告诉我们，我们不可能永远都生活在天堂里，而是必须肩负起生活的重担。伊甸园里发生的故事便是离家故事中的经典。

上帝在东方的伊甸建造了一个美丽的花园，花园里有着各种各样的生物，花园的中间生长着两棵树——生命之树和智慧之树。上帝造了亚当，并把他放在伊甸园里生活。上帝告诉他，除了智慧之树上的果子以外，伊甸园里的所有果子他都可以吃。上帝又在伊甸园里为亚当放了很多的动物，正是亚当给这些动物起了名字。随后上帝让亚当陷入了沉睡，在此期间，上帝用亚当的一根肋骨造了夏娃，这样亚当便不是孤零零的一个人了。起初亚当和夏娃都光着身子，在伊甸园里幸福地生活着，与上帝和谐相处。

但是在所有动物中最邪恶的便是蛇，蛇问夏娃，她是否能吃任何想吃的果子。“那当然！”夏娃回答道，“除了智慧之树上的果子，我们想吃什么果子就能吃什么果子。但智慧之树上的果子，我们吃了便会死。”

“才不会呢！”蛇说，“如果你们吃了智慧之树上的果子，便能分辨善恶，如此一来，你们就跟上帝是一样的了。上帝就是因为这个理由才不让你们吃智慧之树上的果子的。”

夏娃满心渴求地看着那棵树，被那水灵灵的果子诱惑得受不了，因为她知道那枚果子会使她变得智慧。最后，她终于禁不住诱惑，摘下一枚果子吃了。之后，她又摘了一枚递给亚当，亚当也吃了。之后，他们彼此对望，瞬间意识到他们都是裸体，也明白了男女的身体有别，进而也就有了羞耻之心。他们急忙摘下一些无花果叶盖住了身体。

夜幕降临，有了凉意，他们听到上帝来到了园中，于是立即藏了起来，因此上帝便看不见他们两个。上帝喊亚当，问他在何处，为什么要藏起来。亚当回答道，他听到上帝的声音，觉得很害怕。上帝说：“如果你觉得害怕，那你一定是偷吃了禁果。”

亚当立刻指着夏娃说：“是这个女人让我吃那果子的。”

“是的，”夏娃回答道，“可是，诱惑和欺骗我的是那条蛇。”

因此，上帝对蛇施以诅咒，并把亚当和夏娃赶出了伊甸园。上帝对亚当和夏娃说：“既然你们已经能够分辨善恶，那就必须离开伊甸园了。如果你们留下来，可能会去吃生命之树上的果子，那你们就会得以永生。这是我所不能允许的。”于是上帝就把他们赶到人间，从今往后，亚当必须要为了生活而辛苦劳作，而夏娃则必须承受分娩之苦。在伊甸园的东边，上帝派了一个天使驻扎在那里，手持带火的宝剑，守住了伊甸园的入口，保卫着生命之树。

评论：　“亚当”意为“大地”，而“夏娃”则意为“生命”，因此我们便不难看出这个故事真正的含义所在——我们真正开启生活所要经历的过程。因为亚当和夏娃违背了上帝的旨意，因此便要承受所有成年人都要经历的困苦——为生计而劳作以及生儿育女，作为惩罚。

在某种程度上，这个故事为我们描述了人生中所要面对的第一次失去，即离开母亲的子宫开始独立生存。子宫中的生活永远都是美好而没有压力的。在那里我们不需要穿衣服，因为我们感受不到冷暖，也感受不到饥渴。生活异常平静，没有孤独，没有冲突，也没有任何痛苦。之后，我们降生于世，就像亚当和夏娃被驱逐出伊甸园一样，开始体验人生中最初的孤独和苦痛。

但所谓的新生，并不仅仅意味着婴儿脱离母体。当我们开始拥有有别于父母的，属于我们自己的思想、感情、梦想以及目标的时候，我们同样是获得了新生。家庭本身就像伊甸园，孩子身在其中，尽情接受着父母的关爱和保护，不需要面对任何来自世界的挑战以及成年人所要经历的孤独、矛盾和抗争。我们完全依照父母的教导去思考、去感受以及行动，并不提出任何的疑义。在孩子进入青春期及开始认识成年人的世界之前，一切都是平和且美好的。自此孩子们开始寻找他们对于世界的认知，而禁果则会将我们变成像上帝一样的人。换句话说，自我们能够感受生活，能够发现自己的肉体上、精神上以及情感上的力量后，我们便能够为自己的生活做出选择并承担责任，开始与自己的父母站在平等的位置上。我们必须找到属于自己的路，也许我们会感到恐惧和惭愧。正如故事中的上帝一样，许多的父母觉得这是一件直接挑战其权威的可怕的事。年轻人被直接推向一个残酷的世界，开始独立生存。

性欲和性体验在我们初尝禁果进而发掘自身独立天性的过程中扮演着很重要的角色，但故事却并不是单纯地描写性。分辨善恶其实是我们在自身价值观基础之上所做出的选择。其核心内容在于，包括性在内的所有的选择都会反映出我们是怎样一个又一个独立的个体。但随着经历越来越多分离的痛苦，我们会发现即便是与那些我们所挚爱的人之间也会出现分歧和矛盾。

在我们进入成年人世界的过程中会出现很多的失落、孤独、羞愧以及负罪感。也许正因如此，才会有很多的大学生在临近考试的时候会觉得抑郁、崩溃，甚至想要自杀。脱离童年的纯真，从而进入成年人的真实世界，在有些时候确实会带来很大的痛苦。对于站在这一门槛儿上的年轻人来说，必须要依赖自己的父母。而作为父母，我们也要对孩子内心深处那条充满诱惑的“蛇”做出正确的回应。如果我们将自己的意愿和对世界的看法凌驾于孩子之上，甚至认为孩子是在挑战我们的权威的话，我们必定会使孩子备感压力且内心充满负罪感。无论我们内心有着怎样的道德准则以及性别准则，我们都必须清醒地意识到，我们的孩子一定会找到他们自身发展的道路。对此，我们唯一能做的便是为他们树立良好的榜样，给予他们爱、支持和理解。如果我们能认识到，蛇本身也是上帝创造出来的，而且他那道禁止偷吃禁果的禁令本身就在潜意识里对年轻人激发自己的潜能、找到属于自己的位置而起到了推动作用，我们就可以帮助孩子们认识到，即便离开了伊甸园，人们也可以寻求到内心的平静。

佛祖皈依

生命不可能被回避

这则关于佛祖释迦牟尼的故事在西方世界与它在东方一样有意义。无论我们是否相信佛祖的生平真实可信，其本身已经成为神一样的存在。他的出生、童年以及皈依，每一个部分都被人们所广为传颂，并且能够感染每一个人用一颗悲悯之心去看待世界。

释迦牟尼的出生简直是一场奇迹。在其母受孕之时，世间万物都为其庆祝，乐器自鸣，河水停止了流动，且植物上都开出了珍稀而美丽的花朵。所有的一切都在静候着为这男孩子献上祝福。这个男孩子出生在帝王之家，他出生之时没有给他的母亲带来任何痛苦；降生之初便能下地行走，所到之处，莲花盛开。父亲为其取名为悉达多。他的母亲在他出生七天之后离世，不过幸好有她的妹妹将其抚养成人。虽然孩子没有了母亲，可他还是在关爱、富足与快乐中长大。悉达多王子十二岁时，国王请来了婆罗门智者为其占卜，智者预言道，如王子日后看到生老病死，必会献身于苦行。国王一心想让王子继承他的王位，而非遁入空门。于是，奢华的宫殿一眼望不到边，美丽的花园被高墙所环绕。在宫中，“死亡”和“悲痛”等字眼也成为禁忌。

当悉达多长大成人，国王觉得婚姻是拴住儿子最好的方法，于是安排将一位大臣的女儿嫁给了悉达多。很快，新娘便怀孕了。出乎父亲预料的是，不久之后，悉达多内心深处的神性便开始觉醒。音乐、舞蹈和美女再也无法触动他了，反倒让他看到人世的虚无与无常。有一天，王子叫来了侍从，说他想去城里看看。国王下令说，全城定要打扫干净，仔细装点，丑恶情景都不能让儿子看见。可是，再周全的准备也阻挡不了命运的安排。悉达多在驾车出游时，先后在路上遇到老人、病人和死尸，当他亲眼看到那些衰老、清瘦和凄惨的人们，心底顿觉异常哀伤。悉达多惊讶地发现年老体衰是人生在世无可避免的命运，回到宫殿后，他问有什么方法可以避免生老病死，可是，没有人能解答他的问题。不久之后，他又去城里，遇到一位罹患不治之症而痛苦不堪的老妪。之后，他又看到一个送葬的队伍，因而也明白了痛苦与死亡。最后，他遇到了一位行乞的苦行者，从他那里听说出家可以使人从生老病死中得以解脱，超越苦乐。

所有的经历和思考使得悉达多坚信自己可以舍弃原本舒适放纵的生活。他祈求父亲放他离去，去过苦行僧一般的生活。但是他的父亲绝不能接受就此失去自己深爱并寄予全部希望的儿子。于是国王加强了宫墙守卫，并不断地为其安排各种欢娱活动，只为让儿子打消离去的念头。然而悉达多意志坚定，即便妻子刚刚为他生下一个孩子，也未能使其回心转意。一天夜里，他最后看了一眼熟睡中的妻儿，终于在众神的帮助下，悄无声息地策马而去。自此，世间再无悉达多王子，因为他已开启真正的灵魂之旅。

评论：　　在我们成长的过程中，并不需要像故事中的佛祖一样放弃所有的快乐而进行一场苦修，虽然在宗教教义中强调这种苦修能够使人更好地修成正果，但在这个故事中却有很多情况与我们的生活息息相关。正如很多孩子一样，悉达多王子的身上承载着父亲所有的梦想和希望。他希望悉达多有一天能够继承他的王位。从最深层面来讲，悉达多的父亲甚至不希望自己的孩子体验人生，因为这些人生体验会激发子女内心深处与父母的期望完全相反的渴望。尤其是父亲不想让悉达多去承受轮回之苦，而这恰恰意味着成长所必须要面对的挑战。如果悉达多王子能够做一个父母羽翼下的乖宝宝，他便会完全按照其父亲的想法去生活。父母强加给孩子的这些期望看上去都是为了孩子好，但实则不然。每一个年轻人都是一个独立的个体，具有独立的人格，只有遵从本心，才会获得心灵的平静。

即便是婚姻和子女都无法阻止悉达多追寻自我的脚步。这对于很多年轻人来讲都是极为艰难的一课。如果年轻人太早结婚，他很可能根本没有想好自己究竟是谁以及究竟想要什么样的生活。尤其是依照父母的意愿而非自己的喜好去选择配偶之时就更是如此。届时生活迟早会将我们引向另外一个轨道。在实现自我的旅途上，分别所带来的伤痛会一直伴随左右。

作为父母，我们可以在孩子真正找到并实现自我之前帮助他们免受此类经历的困扰。我们越是极力地想要留住孩子，孩子便越是想要远离我们。作为孩子，我们可能必须要忍受父母的失望和愤怒，为避免以后制造更大的伤痛和失望，要忠实于自己的内心。假如悉达多的父亲不是那么坚决，没有想尽办法通过婚姻来束缚住他，悉达多也许就不必忍受抛妻弃子的痛苦。但是他的妻儿只是他父亲意念里的生活的重要组成部分，仅此而已。遗憾的是，悉达多无法无视自己内心的呼唤而去做父亲的好儿子、妻子的好丈夫以及孩子的好父亲。

我们经常会嘲笑或者愤恨年轻人追求自身生活的决定，尤其是当这些决定没有得到我们的支持时，更别提这样的决定可能会使儿女远离我们，或者进入一个我们一无所知的世界。的确，许多年轻人后来也改变了自己的人生方向，但我们不能指望甚至不到二十岁的孩子确切地知道他们未来想做什么。正如悉达多王子一样，无论他所要做的事是否能够使其倾尽一生，抑或只是某个阶段性的行为，如果它是发自内心的，那么任何家庭成员、老师、朋友或顾问都不能因为私心而转移这个年轻人的注意力。悉达多接受的是精神上的感召，要求他放弃一切世俗的羁绊和快乐。感召可以是演奏音乐、绘画或写作、创业、周游世界，成为医生、会计师或农民。或者甚至只是想要与自己所爱之人组成一个家庭。无论怎样，都要遵循自己内心的声音。并非在每个年轻人的心里都会有这样明确的声音，但当我们听到旁人口中的那些反面意见的时候，至少我们会知道自己对此并不同意。那些善于与孩子进行沟通、能够认识到孩子的个性的父母不会擅自为孩子做决定。像悉达多的父亲那样软硬兼施、倾其所能地将其禁锢起来，将自己的意愿强加给他，对其大加斥责和威胁，最终也只能以失败告终。

在佛祖皈依的故事中还有更为深切的忧伤，那便是悉达多的父亲、妻子和孩子将再也无法与其相见。很多人都认为牺牲自己的快乐便可以拯救世界，但实则并非如此。我们所希望的是，通过鼓励孩子倾听自己的心声并遵循内心的期许去生活，最终才能够丰富自己的生活，拓宽视野，最后与他人分享。悉达多的故事教育我们，每一个人都有自己的命运，无论这命运最终是伟大还是渺小。如果我们准备好倾听和认清任性与天职之间的区别，该放手时便潇洒放手，到那时我们所能丰富的不仅仅是我们自己的生命，还有身边其他人的生命。

埃夫拉维克的儿子佩雷杜尔

找到离开母亲的勇气

这则凯尔特神话故事发生在罗马帝国衰亡后的那段“黑暗时期”，那时异教还没有与天主教完全分离开来。这也是众多关于圣杯的故事中被编织在精美挂毯上得以流传于世的故事之一。佩雷杜尔就像他的同伴珀瑟瓦尔和帕齐瓦尔一样最终找到了圣杯。但正如故事开头所讲述的那样，佩雷杜尔最初需要面临极大的挑战，才能从一个男孩儿变成一个男人。

佩雷杜尔是厄尔·埃夫拉维克七个孩子中的一个，他的父亲和他所有的兄弟都在战斗中牺牲了。起初他被母亲带到野地里养大，因此对骑士间的战争浑然不知。他的母亲希望能将他一直留在身边，她很害怕她仅剩的这个儿子会像其他几个儿子一样在战争中死去。

佩雷杜尔最喜欢做的事情之一就是在树林里闲逛。有一天，三名骑士骑马经过，并向年轻人亲切问好。他被他们高贵骄傲的面孔、在阳光下闪闪发亮的盔甲以及他们的三角裤和马鞍布的鲜艳颜色迷住了。当他回到母亲身边，他问母亲这都是些什么人。震惊之余，母亲声称他们是天使，而仅仅作为一个出身卑微的凡人青年，佩雷杜尔试图与他们交流显然是不合适的。

但这种谎言无法阻挡佩雷杜尔内心对生活的渴望。有一天，他走到了离家稍远的地方，并在湖边看到了一座城堡。一个身着天鹅绒外套的跛脚老人正坐在湖边钓鱼。老人邀请佩雷杜尔过去一起坐下，并问他会不会用剑。“我不会。”佩雷杜尔答道，“但如果有人教我的话，我一定能学会。”于是老人对佩雷杜尔透露说，其实他是佩雷杜尔的舅舅。

“忘掉你母亲教你的习惯和话语，”老人说，“我会教你骑马，并将你培养成骑士。”

佩雷杜尔立即决定他要成为一名骑士。第二天早晨，他便从舅舅那里得到了一匹马，并且开始练习，继续前行。他见草地上矗立着另一座美丽的城堡，同时又有一个老人向他问好，邀请他同坐，并询问他是否会用剑打斗。佩雷杜尔回答道：“如果有人教导，我一定能用它。”于是这位老人送了他一把宝剑，教导其如何发力，之后，老人对佩雷杜尔说：“年轻人，你已经用了三分之二的力气。等你用到满力的时候，就没有人能打败你了。我是你舅舅，是你母亲的兄弟，也是那个住在湖边城堡里的人的兄弟。”并且老人还教他舞剑。

第二天早晨，经过他舅舅的允许，佩雷杜尔继续前进，这次手上多了一把剑。他经过一片树林，林中有人在大声哭泣。他看见一个有着赭石色头发的美丽的女人。在她的身边有一匹马和一具尸体。每一次她试图将尸体抬到马鞍上，尸体都会掉到地上，于是她开始哭泣。佩雷杜尔上前询问她究竟发生了什么，她回答道：“该死的佩雷杜尔！遇到你之前我从未有过如此的不幸！”佩雷杜尔问她为什么要骂自己，她告诉佩雷杜尔：“因为你害死了你的母亲！当你执意出走，并从你的舅舅那里得到了马匹和宝剑时，你的母亲觉得痛苦万分，便一命呜呼了。因此你才会被诅咒。这具尸体是我的丈夫，他在一片土地上被圆桌骑士杀害了。不要靠近他，免得你也像我丈夫一样被他杀害。”

“停止你的哀叹吧！”佩雷杜尔说道，“我会埋葬你丈夫的尸体，并去寻找骑士，看看他是否能够赔偿你的损失。但是首先我必须去祭奠我的母亲，我此生再也无法与她相见，而她的死也使我的良心受到了谴责。”

在他祭奠了母亲并埋葬了女子的丈夫之后，他找到了骑士，并立即打败了他。当骑士向佩雷杜尔求饶，这位年轻人回答道：“我会放了你，但你必须娶那名女子为妻，因为她的丈夫就是被你杀害的。而且你必须去亚瑟王那里告诉他是我打败了你，并且我愿意臣服于他。”

骑士按他的要求做了。此后，在经过了许多考验和冒险之后，佩雷杜尔如愿以偿地成为亚瑟王最为倚仗的圆桌骑士。

评论：　　佩雷杜尔用了一种奇怪又契合实际的方式离开自己的母亲，最终成为骑士。这种方式用我们经常说的一句话来总结，可能就是所谓“青春的残酷”。许多年轻人其实都是通过这种方式与过去的生活及全心全意养育自己的父母告别，进而实现了自我。但这个故事想要说的并不是年轻人有多么忘恩负义。佩雷杜尔的母亲经历了太多的离别之痛，她的丈夫和其他孩子都是死于杀戮，因此她当然要极力地使自己仅剩的一个孩子远离杀戮。但这世界永远不会如我们所想象得那般运转，佩雷杜尔终究还是遇见了林中的三名骑士。佩雷杜尔从他们身上感受到的就好比他找到了母亲一直不愿让他看到的男子气概，最终他在高贵的骑士中间找到了自己的一席之地。因为他的父亲曾经是亚瑟王的圆桌骑士，因此眼前的这些骑士，对于佩雷杜尔来说更像是他的先人。故事中潜藏的一点是，每一个儿子都需要在父亲或是类似父亲的角色上，找到男子汉的典范。这种迫切的心理需求迟早会驱使孩子离开他的母亲，去追求他最终必须成为的样子。

湖边遇到的两个舅舅对于佩雷杜尔来说就像童年缺失的父爱。两者都认识到佩雷杜尔作为一名战士的价值，并通过给他一匹马(一种进入世界的方式)和一把剑(一种为自己开辟一席之地、为自己的权利和地位而战的方式)来帮助他走出去，睁开眼睛去看世界。作为一个初次离家的年轻人，像这样的长辈和老师便显得越来越重要，尤其是老师。老师不仅像母亲一样照顾自己，更能引领自己看到一个完全不一样的世界。对于任何父母来说，认识到“这种来自外部的智慧是孩子所需要的”是至关重要的；父母不可能知晓一切，当孩子开始与外部世界的人物建立关系时，父母的角色发生了变化，这些人可以提供在直系家庭框架内无法获得的视角。

到现在为止，佩雷杜尔的旅途看上去还算是一帆风顺，他没有经历过那些可怕的杀戮。在遇到那个赭石色头发的女人之前，他根本无法对母亲的忧虑感同身受。年轻人往往是通过第一次感受到性的吸引力，才意识到自己对母亲的真实感受，而这位漂亮的丧夫之妇触动了他的心，也激发了他的良知，让他知道了母亲的死讯。这位女人不知道是如何得知他母亲的死讯的，这一点很是奇怪，但事实上，她是母亲的另一个化身。佩雷杜尔冒险追赶杀了这位女人的丈夫的骑士，实际上这是一种报复行为，因为他自己的父亲也死于骑士之手。他愿意冒险，就意味着他已经做好了经受生活考验的准备。而对那个女人的支持，其实就意味着他对母亲的绝对忠诚。经过这一切的洗礼，他终于经受住了考验，放下了过去，赢得了人生中的第一场胜利，也使他如愿以偿地成为亚瑟王的圆桌骑士。

那么我们能从佩雷杜尔离家的故事中得到哪些启示

呢？从某种程度上来说，第一次离家仿佛一次涅槃。尽管父母并不是真的死了，但在孩子看来，离开一直所依赖的家庭和父母就意味着我们永远不可能回到童年时代了。因此佩雷杜尔母亲的死也变得具有象征意义。外面的世界切断了我们对家庭牢不可分的依赖，同时也改变了我们与家庭成员之间的关系。从这一刻开始我们便不再是孩子了，而是与父母站在平等的位置上，甚至有一天由我们来抚养父母，正如佩雷杜尔帮助那个女人埋葬其亡夫时所做的那样。佩雷杜尔的哀伤其实就是我们长大成人的一种仪式。结果便是佩雷杜尔不再是一张白纸，他能够直面死亡，感到哀伤，甚至是正视鲜血。由此他便化茧成蝶，再也不是那个躲在母亲身后不谙世事的小男孩了。

相同的是，那些能够意识到孩子是有权成为一个独立的个体的父母，非但不会在孩子成长的过程中对其施加压力，反而会不断地给予孩子以理解、鼓励和支持，这使孩子得以身心健康地长大成人。有些父母恰恰和佩雷杜尔的母亲一样，不敢直面自己的恐惧、失去和需要，取而代之的是将孩子孤立起来占为己有，那么最终心碎的只能是他们自己。不是因为年轻人太粗枝大叶，不懂知恩图报，而是因为这样的分离是不可避免的，发生得理所应当。这样一个时刻必将到来，此时，外界环境能够给孩子带来我们所无法给予的东西。如果佩雷杜尔没有走出家门，他便永远无法成为他本应该成为的人。最终他继承了父亲的遗志，成为骑士，并且得到了象征智慧的圣杯。这则故事告诉我们，无论多么强大的父母，都不可能永远一手遮天地将子女困在现有的生活之中，或许父母根本就没有权利如此行事。

第二章

为自由而战

所谓独立自主，不仅仅意味着离开孩提时代，而且还要与来自我们自身内部以及外部世界的那些倒退的、具有破坏性的、停滞不前的和不愿面对生命极限的力量进行斗争。这场争取独立自主的斗争是每个年轻人都要面对的一种仪式，在我们感到自信、认为值得以最积极、最具创造力的方式表达自己之前，它可能需要在许多不同的层次上进行。这个过程可能从十几岁开始一直延续到三十多岁，并且没有任何捷径可走。这期间的变化可能很微妙，并不会从一开始就表现得如战场般激烈。但如果我们一直试图逃避这种挑战，我们将永远无法成熟起来，并且会永远脆弱，无法承受生活所带给我们的失望。

齐格弗里德

与惰性而战

齐格弗里德是北欧神话中的英雄，从德国到冰岛，他的光辉形象一直被广为传颂。在斯堪的纳维亚的故事中，他的丰功伟绩是世界上最优秀的史诗人物的主题。故事中与此相关的部分是年轻的齐格弗里德和尼伯龙根的黄金守护者法夫尼尔龙之间的战斗。

齐格弗里德是齐格蒙德和他妹妹齐格林德之间乱伦而生下的孩子。虽然兄妹俩都以悲剧收场，但齐格蒙德却给自己未能谋面的孩子留下了一把伟大而美丽的剑。虽然这把剑被折断了，但一旦被修好，它便永远战无不胜。齐格弗里德变成了孤儿，后来由尼伯龙根家族的米梅（米梅是一个侏儒）抚养长大。米梅虽然照顾齐格弗里德，却绝非心甘情愿。他只是希望有朝一日，这位强壮勇敢的年轻人能找到力量杀死法夫尼尔龙，并获取很久以前被武坦神从尼伯龙根家偷走的大量黄金。之后米梅打算杀死齐格弗里德，独吞黄金。

但是齐格弗里德却得到了众神的眷顾。有一天，当这个年轻人穿过森林时，他听到一只鸟在歌唱，发现自己竟能听懂它的歌声。它不仅告诉齐格弗里德，米梅要杀害他，而且说出了原因。齐格弗里德回到米梅的铁铺，他什么都没有说，只是在等待和暗中观察。不久，米梅又要他伪造他父亲的剑，齐格弗里德照他的吩咐做了，将他的力量和耐力倾注到他要完成的任务当中。米梅告诉他，藏在洞穴深处的黄金由沉睡的法夫尼尔龙保护。在这堆宝藏当中，米梅最为垂涎的是尼伯龙根的指环，它有着至高的力量。米梅指示齐格弗里德把金子带给他，但是齐格弗里德已经知晓了米梅的背信弃义，于是用剑杀死了他。

这位年轻的英雄随即出发去寻找法夫尼尔龙。

这条龙曾经是一个巨人，虽然不太聪明，却非常大，而且极具威胁性。通过魔戒的力量，法夫尼尔将自己变成了一个巨大的、令人讨厌的、有鳞片的生物。这条龙一直沉睡着，梦想着永远盘睡在金子上面。当初那只把米梅的虚假谎言告知齐格弗里德的鸟将他带到山洞，齐格弗里德挥舞着剑，杀死了龙，找到了黄金宝藏。可是齐格弗里德却对财富的诱惑完全无动于衷，他只选择了两件东西：一顶可以让他隐身的头盔，一枚尼伯龙根的指环，虽然当时他还不明白它们的力量。于是他开始了进一步的冒险。

评论：　　像许多神话中的英雄一样，齐格弗里德不了解他的父母，也不了解他本身所具有的真正的潜力。他所拥有的只是一把从未曾谋面的父亲那里继承来的残破的宝剑。这把剑虽然必须重新锻造才能发挥它的威力，但它是祖祖辈辈传承下来的力量和勇气。我们也从父辈和祖辈那里继承很多的天赋，我们必须根据自己的价值观和能力来塑造这些天赋，以便能够用自己的方式使用它们，并以此追求我们的个人命运。和许多神话英雄一样，齐格弗里德也被奸人所蒙蔽，这些奸诈的人希望利用他年轻的力量来达到自己的目的。这第一次与敌人的冲突反映出一个问题——我们很早就认识到，这个世界并非所有的时候都如我们所期待的一般。如果我们要在生活中走自己的路的话，我们必须意识到现实中存在的嫉妒、卑鄙和破坏性——无论是在我们的家庭、学校、职场，还是在我们自身的内部。

齐格弗里德从鸟的警告中意识到自我保护的重要性。这种奇怪的景象对我们来说意味着什么？鸟是大自然的声音，它本能地警告我们，我们正处于危险之中，当我们开始追求目标时，会为我们引领正确的道路。因为齐格弗里德能够停下来倾听并接受鸟的智慧，所以他不仅知道金子藏在哪里，而且还知道为了生存他必须与谁战斗。

齐格弗里德杀死米梅是出于自卫，否则米梅就会杀了他。我们通常不会是要杀死别人才能实现自主，但从象征意义上说，杀死米梅意味着我们必须毫不留情地使自己远离那些希望我们变坏的人。对于任何一个年轻人来说，这都是很艰难的一课，因为除非我们在充满怨恨的环境中长大，否则我们就会怀着不切实际的期望，相信所有的大门都会如愿为我们敞开，并假定所有人都会以一颗和善之心爱我们。这既是年轻人的天赋，也是其缺点。可悲的是，就像齐格弗里德一样，我们可能不得不早早地认识到，这个世界同时充满了爱和仇恨，虽然有些人是内心充满爱的，但有些人也可能不是。

法夫尼尔龙是一种奇特的生物，一部分是巨人，一部分是龙。它实际上是人类贪婪和惰性的形象。虽然拥有黄金，法夫尼尔龙却无意使用它；它只是单纯地希望占有它们而已。但与其他危险的龙不同的是，法夫尼尔龙几乎就是一个从不动用其能力和潜力的废物。黄金代表价值和能量，因此这条龙象征着人类本性里的一切懒惰、贪婪和停滞不前，它满足于躺在这些没有加以利用的宝贵资源上睡觉，无所事事，无处可去，让生命的力量不予发挥。摧毁龙，意味着齐格弗里德释放了这些力量，让它们再次在生活中活跃起来。

但是年轻的英雄并不想要巨大的财富，也不想要能够买到所有东西的金子。因为经过历练，他已经拥有了智慧，能面对人类恶意的现实，并且重新找回了父亲留给他的遗产——那把能够征服一切的宝剑。但他也发现了其他的东西。齐格弗里德知道什么对他来说是最重要的，他并没有选择黄金能带给他的奢华和权力，而只选择隐形头盔和指环。虽然他不知道它们的来历，但他选择它们，因为他发现了它们的美丽；因为直觉告诉他，它们有比金币更大的价值。

这些东西是很重要的，因为它们具有魔力。隐形头盔是我们在希腊神话中发现的一个古老的象征，它被描绘成冥王的所属财产，它使戴上它的人可以穿越生命的隐蔽。这是世俗智慧的表现，这样我们就可以观察和学习生活，而不是向他人强加自己的观点、愿望和意见。它也是一种知道和保守秘密的能力，没有它，我们便仍然是孩子，仍然会将自己的感受直言不讳，脱口而出。

关于尼伯龙根的指环呢？全篇都在说它存在的意义，并且代表权力的指环不仅出现在日耳曼和北欧神话中，而且出现在20世纪托尔金的经典故事《指环王》中。尼伯龙根的指环起初来自水的深处，象征着人类灵魂深处的自然魔力和心灵力量。一开始它被侏儒阿鲁贝利西偷去用以寻求掌控世界的权力，之后又被伟大的沃坦神所盗。这个指环拥有创造和奴役他人的力量。这力量来自人们潜意识的深处，它被锻造成一个工具，可好可坏，这就是人类的智慧和创意灵感的力量。阿鲁贝利西和米梅都想把它用在坏处，沃坦虽然不想用它做坏事，却在不知不觉中滋长了它的虚荣，使其变得邪恶。然而齐格弗里德却只是因为它的美丽而想要拥有它。他那时并不知道这枚指环拥有什么样的威力。虽然最终指环也给齐格弗里德带来了一个悲惨的结局，但那是后话了，并且完全是由齐格弗里德自身的愚蠢所导致。现在，我们需要记住的是，指环包含了所有能从年轻人身上发现的人的创造力和领导力。每个年轻人只要征服了内心深处的惰性和无意识的阻力，就一定会发现自己内心的创造力和领导力。

美丽的陌生人

找到自己的个性

在这则神话中，英雄代表了人类想要离开平淡和熟悉的环境，从而进入未知的，甚至是危险的领域的冲动。在亚瑟王的故事中，游侠骑士需要面临许多危险，但他必须面对的两个最大的危险是耻辱和死亡。换句话说，他为了成为自己想成为的人而舍弃了生命。这则故事的英雄是甘格兰。起初，就像佩雷杜尔和齐格弗里德一样，他既不知道自己是谁，也不知道自己的父亲是谁。他的母亲独自将他抚养长大，并因他漂亮的外表而称他为“美丽的儿子”。

长大成人之后，甘格兰离开了母亲，并独自来到了亚瑟王的宫殿。他大胆地走进大殿，要求亚瑟王答应他所有的要求。亚瑟王看着这个天真又自信的年轻人，觉得很好笑，竟然真的答应了他。因为他没有名字，却有一副美丽的面容，所以亚瑟王给他取名叫“美丽的陌生人”。

就在这时，另一个奇怪的人出现了—— 一个叫赫莉的女人，她请求亚瑟王派他的骑士前去营救威尔士的女王艾思梅尔。两个邪恶的巫师把艾思梅尔变成了一条龙，只有亲吻才能解救可怜的女王。当然，甘格兰完成了任务，而亚瑟王也依照约定答应了他的要求。起初，赫莉因为亚瑟王派这样一个没有经验，甚至连个名字都没有的年轻人来执行这样一项重要的任务而感到非常生气。她怒气冲冲地骑马飞奔而去，以至于甘格兰费了好大的力气才追上她。

然而没过多久，赫莉就改变了主意，因为事实证明，这位陌生人其实是一个勇敢而聪明的伙伴。他在危险的浅滩处击败了一位凶猛的骑士，从两个巨人手中救出一个女孩，并击败了另外三个攻击他的骑士。他们到达了金岛，只有通过堤道才能抵达那里。堤道由一位骑士把守着，他一心想娶金岛的女主人为妻，但是她并不爱他，于是她开出条件说，只要骑士能够坚持把守堤道七年，她就同意嫁给他。骑士已经在堤道上把守了五年，高高的长竿上挂着一排被砍下的头颅，这些都是他不败战绩的标志。甘格兰却在这时轻轻松松地打败并杀死了他。

岛上的那位女士是一个可爱得令人窒息的仙子，名叫“白手少女”。她住在一座水晶宫殿里，宫殿被花园环绕，里面的花朵常开不败。仙子对甘格兰爱慕已久，虽然甘格兰对此浑然不知。她将他迎上金岛，宣称她想要嫁给他。甘格兰也被仙子深深地吸引，但是赫莉提醒他还有未完成的任务在身，于是，第二天清晨他们便继续启程了。

当晚他们抵达一座城堡，当地习俗是打败城堡的主人便可换得一夜住宿。甘格兰轻而易举地赢得了这场比赛，而城堡主人对他们表示热烈的欢迎。他把他们带到了荒废的塞纳多恩城，赫莉的女主人就是被囚禁在那里。这位城堡的主人警告他说，如果他在城里受到任何邀请，都要回报以诅咒。

塞纳多恩城曾经一度辉煌过，但现在却成了废墟。甘格兰骑马穿过一扇破碎的大门，经过摇摇欲坠的废弃的塔楼，最终抵达了宫殿。面色苍白的吟游诗人在窗子内召唤着甘格兰，但甘格兰没有接受他的邀请，并对其施以诅咒。他进入大殿，在那里他遭到斧子的攻击，却看不见挥舞斧子的手。之后一位巨人骑士骑着会喷火的马呼啸而来。虽然甘格兰很害怕，但仍然满怀勇气地与其战斗，最终将其斩杀，骑士的尸体奇迹般地在他眼前腐烂了。吟游诗人带着蜡烛逃走了，只留下甘格兰独自一人被黑暗吞噬。此时此刻他非常想念“白手少女”。这时黑暗中出现了一道可怕的火光，突然冲向他，并在他的嘴唇上留下了一个吻痕。一个神秘的声音响起：“你叫甘格兰，是加文的儿子。”他的愿望终于实现了。甘格兰实在太累了，以至于当即便睡着了，但他很开心，因为他终于知道了自己是谁。

他醒来后整个大殿里灯火通明，在他的旁边站着一位美丽的女人，尽管她不像“白手少女”那么美。她便是被解救后变回人形的艾思梅尔。她告诉甘格兰，是梅本和艾弗里安那两个巫师对她和她的城市施以魔咒，只为了想要艾思梅尔嫁给梅本。咒语使得全城的居民都逃走了。梅本就是骑在喷火马上的巨人骑士，前天晚上被甘格兰杀掉了。现在魔咒解除了，艾思梅尔想要嫁给甘格兰。

起初甘格兰答应了，但他发现他最想念的是金岛上的“白手少女”。他再次回到金岛，与“白手少女”互诉衷肠。她告诉他，她一直都在关注着他，并且是她派赫莉去亚瑟王那里，得知甘格兰自愿去执行这项任务。也是她最后喊出了他的名字，并将他的真实身份告诉了他。

但是有消息传来，亚瑟王组织了一场大型骑士比武大会。仙子知道她留不住情人了。甘格兰起先是睡在她怀里的，但现在一个人在林中醒来，身上全副武装，旁边还有他的战马。他在比武大会上一次又一次地证明了自己的勇敢，并与一路跟随他的金发艾思梅尔重聚。他们一同行至塞纳多恩城，看到原本住在那里的人们都已经回到了城里。在一片欢欣鼓舞中，他们结为夫妻，并成为塞纳多恩城的国王和王后。

评论：　　这是一则一个人努力找寻自己身世的故事。故事告诉我们，只有通过艰苦的磨炼、无惧艰险的努力，才能展现出真正的自我。故事的开头，甘格兰与大多数年轻人一样，并不知道自己究竟是谁。为了找寻自我，他必须面对众多的艰难险阻。在我们的日常生活中，每个人都会离开自己温暖的家，出去独自奋斗。在众多神话故事当中，与龙搏斗是一个必经的过程，此后才能算是战胜了邪恶。龙既是人类内心贪婪的象征，也是代表混乱和毁灭的符号。龙会用火吞噬和消灭掉它们行进路上碰到的一切，但是甘格兰的任务并不是要杀死龙，而是要去亲吻这只怪物，破解魔法，以解救城邦。这一情节表明，同情心和理解力往往比压抑要有力得多。邪恶的巫师梅本和艾弗里安则代表着一股反生命的力量，这力量会使生命变得腐朽。他们将全城的人都赶跑，使城邦失去生机，变得死气沉沉。吟游诗人虽然手持蜡烛欢迎着甘格兰，可他只不过是一具行尸走肉，内心早已屈服于绝望与黑暗的力量。梅本同样也只剩下一具躯壳罢了，他的内心没有爱，没有同情，也没有欢乐，这便是他日趋腐朽的原因。

这些形象都代表着甘格兰所要征服的邪恶力量，他们不仅仅广泛存在于外部世界，同样也存在于他自己的心里。这些黑暗、毁灭和阴郁，是所有的年轻人都必须与之战斗的。只有战胜了这些，人们才能赢得一片光明之地，并获得内心的认同感和令自己满足的、具有创造性的生活。在巫师的形象中，我们能够看到痛苦与绝望，这在那些瘾君子和犯罪的年轻人身上都能体现出来。他们就如同女王和她的城堡一样，被眼前的痛苦和绝望所蒙蔽，对周遭充满了失望，觉得世界本就是一片荒芜。将这些反生命的力量全部归咎于社会或是政府其实是不对的，从根本上来讲，这些其实是根植于我们每个人的内心，要找寻自己的身份定位，我们应该诚实地面对内心这些邪恶的力量，并努力战胜它们。

甘格兰与女王成婚，使得城市恢复了生机，他成为生命之王，而不是冥界的主人。他还赢得了仙女的垂青，正是这位仙女告诉他，他的名字叫什么。曾有人相信，一个人真正的名字中蕴含着这个人生存的本质。接受自己的名字，意味着甘格兰已经知道了自己究竟是谁。虽然他是通过自己的勇气和俊美的长相赢得了仙女的垂爱，可最终使他打破魔法的，却是他对责任的奉献精神，这从他对亚瑟王的忠诚便可以看出。他没有与仙女纠缠不清，而是与人类女王结合并统治人类的城邦，这在故事中是非常重要的一点。甘格兰正是通过与现实中的女性相结合，而不是幻想中的仙女，才得以实现了自己全部完整的人生。因为他所前进的道路是要通往真实的人的世界，所以他就必须远离幻想中的人生。由此，仙女所代表的便是一种内心的死亡，毕竟通往仙女国度的路途上满是杀戮和尸体。仙女的岛屿就如同我们想象中的王国，它与我们现实中的人生分割开来，可能会激发我们内心潜藏的创造力。仙女本身就是理想的化身，为我们带来现实世界以外的刺激。理想激励我们追求真善美，但正是由于真善美的本性，它们才永远不可能被彻底实现。如果我们在理想的世界里驻足太久，便可能忽略需要我们不断为之努力的现实世界。我们既需要理想，又需要现实，因为每个人都必须与当下的生活达成和解，并在这一世找寻到真正的自己。

吉尔伽美什与生命之树

接受平凡

古巴比伦传奇《吉尔伽美什史诗》是一篇有着四千年历史的长篇故事，它讲述了最早的神话大英雄们的传奇事迹。吉尔伽美什及其后世的英雄们，其实是我们每个人身上英勇豪迈一面的象征——我们努力成为一个与众不同的人，我们为了生存而斗争，我们希望在这个世界上找到属于自己的位置。现在我们所讲述的是吉尔伽美什决定超脱生死，并在海底寻找永生之树的故事。无须赘言，他发现了我们大家迟早都会明白的真理，因为我们年轻的梦想与渴望，最终都会与世俗世界的现实生活发生碰撞。

年轻的吉尔伽美什和他的朋友恩奇都同各路的怪物和恶魔进行过许多场艰苦的战斗，每次都能大胜归来。可是，恩奇都激怒了大女神伊什塔，结果伊什塔说服其他神灵，一定要置恩奇都于死地。吉尔伽美什发现他最勇敢和最喜欢的同伴意外地含冤死去，悲愤不已。他不仅仅是因为失去了一位好朋友而悲伤，而且还因为恩奇都的死让他明白了世间万物皆有生死的秘密，而且自己终有一天也会跟他一样死掉。

因为吉尔伽美什是一个英雄，所以他不可能坐在那里胡思乱想，等着接受全人类必须要接受的命运，于是他决定去寻找永生之法。他知道他的祖先乌塔那匹兹姆是大洪水中的幸存者，众神灵是因为要惩罚人类才引发了洪水，而他的祖先是唯一知道如何获得永生的凡人。他决定找到这位先人，从他那里了解生死的秘密。

在他刚刚踏上远征之路时，他来到一处山脚下，这里由一个半人半蝎子的生物和他的妻子守卫着。蝎人告诉吉尔伽美什，没有哪个凡人曾经越过这个山脉并挺过山中的危险。但是，吉尔伽美什把他这次远行的目的告诉了蝎人，蝎人对他充满敬仰，就放这位英雄过去了。吉尔伽美什摸黑走了很远的路，最后到达太阳神的居所。太阳神警告这位英雄，说他这完全是在白费工夫。但是，吉尔伽美什不听劝告，继续上路。

最后，吉尔伽美什来到“死亡之水”的边上。他在那里遇到一个守卫，是一个手拿水罐的妇女，她像蝎人和太阳神一样，尽力说服他不要再往前走了。拿水罐的女人提醒他，应该懂得欣赏生活：

> 吉尔伽美什啊，你到底要去哪里？
> 你不会找到你想找到的东西。
> 神灵创造人类的时候，
> 早就把死亡同时分配给人类，
> 他们自己掌握着生死的秘密。
> 把自己的肚子填饱吧，吉尔伽美什，
> 把每天的生活过得像节日。
> 白天黑夜要尽情唱歌玩耍。
> 把自己洗干净，还要照顾好牵你手的孩子，
> 你的妻子会因你而开心。
> 因为这就是人要做的事情。

可是吉尔伽美什无法忘记恩奇都，也忘不了自己最后即将面临的结局。他继续在危险重重的旅途上前进。到了海边，他遇到古代的船夫。船夫过去也曾为乌塔那匹兹姆开船，当时，大洪水毁灭了世界的大部分。吉尔伽美什请这个老人帮他渡过死亡之水。可是，船夫要他

自己去找一条船来，横渡的时候千万不要碰到哪怕只是一滴的海水。吉尔伽美什就按照船夫说的做了，最后来到一个岛上，那个在大洪水里幸存下来的祖先就生活在这个岛上。

可是，乌塔那匹兹姆只是重复了其他所有人对这位英雄说过的话——神灵只让他们自己永生不死罢了，死亡才是人类的命运。吉尔伽美什的希望落空，准备起身离开。可是，乌塔那匹兹姆产生了怜悯之心，告诉他一个秘密，说海底生长着一棵秘密的树，这树能让年老者重新年轻。吉尔伽美什划船来到海中央，跳入死亡之海，找到了那棵树，游回船上的时候，他带回了一根树枝。他安全地回到海岸上，开始打道回府，那根宝贵的树枝就藏在身上的袋子里。回家路上，他在一口池塘边停下来洗澡换衣服。可是，一条蛇悄悄地爬过来，闻到了永生树枝上带着的天堂的味道，就把树枝拖走了，并吃掉了树叶。蛇就是因为这个原因而不断地蜕皮，进行自我更新。

英雄吉尔伽美什在池塘边跪了下来，双手捧着脸大哭起来。他现在明白了，人们告诉他的都是真相：哪怕最伟大和最勇敢的英雄也是人，因此必须要学会以微笑面对生活，体会眼前的幸福，最后接受不可避免的命运。

评论: 这个故事并不需要过多解释，它将一切都表达得很清楚，其中的意义在今天与在四千年前别无二致。吉尔伽美什这位少年英雄已经征服过很多地方，此时的他正与生命中的不公发生了面对面的碰撞。他失去了自己的朋友，唯一的解释就是，这是神明的意志。同样，我们所有人迟早都要面对亲人的离世。一般来说，这往往是我们的父母，或者是一位我们深爱的祖父母。但有时候，这样倒下的人可能会是学校里的一位朋友，或者是一起工作的同事。能让我们联想到人类命运的不一定就只是死亡，还可能是我们生活中遇到的各种艰难困窘，有时候是我们自己生病，有时候是困难的生活环境会中断一个人的生命，让一个人的一切计划和梦想都瞬间消散。

起初，吉尔伽美什拒绝接受自己的命运，我们年轻的时候也都曾如此。毕竟，他是一个特别的人，是一个征服过无数怪物而名满天下的英雄。当我们听到别人的不幸时，往往会对自己说：“多么悲惨啊，可这样的事情是绝不会发生在我自己身上的！”人在年轻的时候往往自信满满地追求梦想，深信自己与众不同。这就是生命所赋予我们的天赋，如果我们走运，我们也许能够以更加微妙、更加和缓的方式留住它，甚至有可能直至晚年我们还能将这种天赋存留于心。但是，终有一天，这种相信自己有能力征服任何事情的坚定信念会与现实相冲突。吉尔伽美什被两个守护者以及他的祖先乌塔那匹兹姆警告说，唯有神才能得以永生。他无视他们的忠告，冒着极大的风险，从永生树上偷走了一根树枝。吉尔伽美什的传说比创世纪的故事的年代更为久远，这位巴比伦的英雄也并没有像亚当和夏娃一样受到神灵的惩罚。是大自然本身化作蛇的样子，温和地将这信息传递给他。

在这个古老的神话里，隐藏着一个深刻的悖论。跟吉尔伽美什一样，我们都需要在自己年轻的时候挑战人生，检验自身挑战生活的能力，而且，跟吉尔伽美什一样，我们也许经常会赢得胜利，实现人生中的许多目标。倘若人在年轻的时候便畏首畏尾，那便是无视人生的目标；而依恋于自己的童年时代畏缩不前，消极应对现实生活，则是在回避自己生而为人理应承担的命运。年轻人挑战人生的不公，检验到底是不是一切均由天定，这一点无可厚非，且完全正当。但是我们必须明白，到最后，我们所能够跨越与战胜的终究有限。无论我们内心的宗教或精神的力量有多么强大，无论我们是否将这些局限称之为“神的意志”，还是“人类的极限”，抑或是“生活本来的样子”，我们都不能否认我们毕竟都还只是人而已。我们要体会欢乐，就必须承受悲伤；要努力获得成功，但也必须做好失败的准备。等我们到三十多岁的时候，许多人往往就开始想方设法延长青春了。也许这些都是必要的。但是吉尔伽美什的发现，就是我们在成熟期会遇到的众多分水岭之一。能够认识到自己的潜能所在，并勇于接受他人挑战的人的确是英雄，我们每一个人都有这样的能力，这能力就潜藏在我们个人的天赋和个性之中。能够做到这些的年轻人，如若能够牢记必须要重视自身的极限以及活在当下，那么无论生活看起来有多么不公平，他们便都已成为真正心智成熟的青年。

第三章

寻求意义

对年轻人和老年人来说，“寻求意义”代表着不同的含义。正值盛年之时，我们竭尽全力地想要确定自己是谁，是什么样的人，我们要找寻对自身性的认知，这种对自身独特性的认知能够反映出个人的目标和终极的意义。寻求意义的途径有很多，可能是通过我们在这个世界上所取得的成就，也可能是通过爱以及任何能够给予我们欢乐的东西。但通常情况下，意义的产生，并非因为我们有意识地追求对生命的更深层次的理解，而是源自揭示我们所未知的生命维度的经验。换句话说，意义对于年轻人来说，通常指向经历，而不是有意识追求的目标。在以后的生活中，我们会更多地意识到，整个世界是一个庞大的整体，世代更迭也要经历一段无限绵长的岁月，而我们都只是这其中微小的一部分而已。对于老年人来说，意义也许就在于自愿地探索人生更深层的秘密，以及那种源自同情、超然和对精神现实的觉悟的统一感。在外部世界对其的吸引力消退时，人们往往开始思索何为意义、去何处追寻意义，对于年轻人来说，意义是一个高度以自我为中心、理所应当的事情。这是一线虽然微弱却充满诱惑力的光芒，它使我们的生命充满魔力、激情、动力与方向。

维纳莫宁与护身符

理想的妥协

维纳莫宁是芬兰英雄史诗《英雄国》中的大英雄，他虽为半人半魔，却与凡人一样能够感受痛苦。在这里，我们看到他想锻造出有魔力的护身符，好用它去赢得自己心爱的女人。到了最后，重要的已经不是那个女人，而是那个护身符。维纳莫宁的错误以及他的勇气都证明，虽然我们可能认为自己想要的是这种东西，后来却发现自己真正想要的其实是另外的东西。

维纳莫宁是风中贞女的儿子，他希望娶一位美丽的拉普兰女子为妻，但她宁愿跳海也不愿嫁给他。这位英雄很痛苦，便离开家乡，云游四海。不久之后，他想在一个遥远的异乡找一个妻子。那一片国土的守护者名叫露希，她答应维纳莫宁，会将自己的女儿许配给他。但是若想娶这个漂亮而又出类拔萃的少女为妻，他必须造出一个可以为这片土地带来永久繁荣的护身符。维纳莫宁因此受到了激励，开始着手铸造护身符。可是他很快便觉得无聊，因为要做计划以及各种准备工作，还要吃很多苦，所以他就请他的朋友铁匠伊尔玛利宁替他做那个护身符。伊尔玛利宁照办了。但是，露希的女儿看到这件宝物后，惊叹于其创造者的精湛艺术和创造力，决心嫁给这位铁匠。因此，维纳莫宁再次被拒绝，也没能娶到妻子。

但他这位朋友的婚姻不久之后便在悲伤中结束了，因为伊尔玛利宁的妻子——原本应该是属于维纳莫宁的——被熊吃掉了。因此，铁匠便要求迎娶露希的第二个女儿，遭到拒绝后，他强行带着这个女人逃跑了。可他刚一转身，这个女人就悄悄溜走，马上嫁给了另外一个男人。伊尔玛利宁恼羞成怒，他找到维纳莫宁，说他们铸造出来的护身符为那片国土带来了繁荣昌盛，还说维纳莫宁本应该为他和自己的子民锻造护身符，而不是把自己的朋友引向如此不幸的生活。维纳莫宁听后也是满心愤恨羞愧，于是制订计划，准备将藏在一个秘密小岛上的护身符偷走。

维纳莫宁驾船前往那个小岛，但小船撞上了一条巨大的鱼，几乎翻船。鱼被撞死了，维纳莫宁就用鱼骨做出了令人惊叹的乐器，那是一把具有魔力的五弦扬琴。维纳莫宁用这把琴使守卫护身符的人睡着了。此后他便偷走了护身符，驾船逃走了。但守卫醒得太早，使得露希在盛怒之下掀起一场狂风暴雨，结果维纳莫宁的扬琴在暴风雨中被海浪卷走，护身符也碎成了几块。维纳莫宁拼下性命抢到了几块碎片，可就是这几块碎片也有很大作用，等他再次回到家乡，就用这些碎片为当地人民带来了相当繁荣的生活。露希异常愤怒，多次降灾于维纳莫宁的故乡，她甚至把太阳和月亮关在了一个山洞里，但维纳莫宁还是取得了胜利，保护了国土的安全。

评论：　　这是一个奇怪的故事，故事中处处都在炫耀法术，却让我们看到了年轻人最典型的两难处境。我们在生活中所追求的是什么？我们认为什么会使我们感到幸福快乐？对于大部分年轻人来说，正如维纳莫宁一样，找到合适的伴侣，最开始是处于主宰地位的驱动力。这样看来，如果能够找到完美的爱情，则我们所有的问题都会得以解决，我们会在阳光下找到属于自己的位置。

维纳莫宁第一次就被他所爱之人拒绝。之后，他便决定离开自己的家乡，准备在异乡寻觅自己的妻子。到目前为止，对我们的英雄和许多人来说，寻求的意义都体现在觅得娇妻、美人在侧的允诺中。仅以这样的方式，我们就受到自以为是我们真实命运的东西所驱动，而实际上真正驱动我们的却是自己未能达成的梦想和满足自己情感与生理的需要。维纳莫宁并不真正了解或是爱慕那个由露希许配给他的女人。但是她生得美丽，且家世显赫。别人请他去铸造一个护身符，因他有魔力，所以很容易就能完成这个任务。可他自己却不屑于去做这件事情，于是就托一位朋友去完成。结果，露希的女儿爱上了制作护身符的铁匠，维纳莫宁再次被拒绝。

许多人在人生的第一阶段经历了这种性格上的情绪混乱，在《英雄国》中以一种简单而严肃的方式呈现。维纳莫宁年轻，以自我为中心，也不太负责任，他仿佛时常被人扇一记耳光，虽然不是真正被扇了耳光，但从比喻意义上来讲就是如此。如果他希望找到意义和目标，希望成为他注定要成为的真正的英雄，那他就会更加认真，而不光是寻找“合适的”妻子，也不仅仅是依靠朋友为自己提供一个答案。正是这个朋友，这个一肚子苦水的铁匠伊尔玛利宁，给维纳莫宁提出了一个更重要的任务：去把护身符偷回来（毕竟，这个护身符是这位英雄设计的），然后将它带回自己的家乡，为他自己的国土带来繁荣。维纳莫宁到此时才开始意识到，他属于更广大的一个世界，除了自己以外，别人——也就是他自己的人民，也很重要。从这一层面上来讲，伊尔玛利宁是这位英雄自身的阴暗面——他年轻时遭受到的痛苦，他的欲望得不到满足，郁郁不得志；他还意识到，崇高的梦想和理想最后都不得实现，与其说是妥协，不如说是理想破灭。而从更深的层面上来讲，伊尔玛利宁可悲的婚姻和失去也提醒我们，如果我们的创造仅仅只是为了赢得爱和认同，那我们的创造也许到最后根本就不能为我们带来任何快乐，甚至有可能被他人自私地加以利用，正如我们自己也曾利用过它们一样。

从维纳莫宁决定去偷回护身符桑波（史诗《英雄国》从来没有说明这到底是什么）开始，事情突然之间就开始变得对他有利。他碰巧撞死的大鱼本身也有魔力，因此竟误打误撞地为一种有魔法的乐器提供了材料，可以诱使敌人入睡。这是一个奇怪的神话形象，表明哪怕是在诸事不顺或危险的情形下，只要我们能够在机会到来时抓住机会，然后利用机会制造出某种具有个性的东西，那么，在我们追寻意义与目标的时候，就会有更大的进步。

露希的报复是可以预想到的，哪怕是有魔力的英雄，也不能指望万事都如自己所愿，可怕的暴风雨几乎毁灭他的船只，并打碎了他的护身符。如果维纳莫宁没有那么大的英雄气概，那此时的他毫无疑问地会选择放弃，并在绝望中返回家中。但是，英雄之所以能成为英雄，正是因为他（我们每个人都有这样的潜力）并不轻易放弃。维纳莫宁在风浪中寻找护身符的残片，尽可能多地带一些残片回到自己的家乡，为家乡人民造福。虽然带回去的护身符残片不是很多，也没有实现绝对的繁荣富强，但毕竟还是为家乡的人民带回了福音。因此，这其实是英雄于其理想做出了妥协，虽然不算大获全胜，但是，他找到了更深层和真实的意义，比最早使他离开家乡去寻找的意义大得多。到最后，异乡的新娘并不是维纳莫宁所寻求到的意义。意义就在他起初创造，之后推给别人，最后又重新拾起的魔力中，哪怕在这个护身符已经被无可挽回地破坏以后，他仍然为之战斗、冒险，确定它的价值。以这样的方式，每一个年轻人都能找到内在目标和终极意义，哪怕情感失望，梦想幻灭。

帕西法尔与圣杯

提出合适的问题

圣杯的故事，杂糅了若干不同文化的神话与象征，有凯尔特文化、日耳曼文化与中世纪法兰西文化，并使之成为一个讲述发现、失落、斗争、同情与救赎的动人故事。圣杯被解释为许多种不同的东西，有的是异教的生殖象征，有的是基督教的精神救赎符号。无论是以哪种形式出现，圣杯都是一个更深层次的生命意义的符号。现在我们来讲讲年轻时的帕西法尔寻求生命意义的故事，但他寻求意义的过程是无意识的，他的发现也在意料之外。在这里可以看到，当我们并不十分清楚自己到底在寻找什么的时候，要想有所发现是多么困难。

帕西法尔小的时候，他的母亲不让他与外面的世界接触。他的父亲在他出生以前便在战斗中牺牲了，除了这个孩子以外，他的母亲一无所有，因此她发誓无论如何都不能失去他。她把帕西法尔藏在密林深处，不让他知道自己的贵族身世，以免他又跟他的父亲一样，跑到亚瑟王的王宫里去当骑士。

可是，帕西法尔的母亲会给他讲述上帝的故事。她对帕西法尔说，上帝之爱会惠及世间的每一个人。有一天，他遇到一位长相俊美、性情温和的骑士，被人追赶逃到了密林深处，帕西法尔只能够假定，这个高贵的人一定就是上帝本尊了。虽然这位青年后来发现事情并非如此，可是，跟这位骑士见面以后，唤起了他天性中的直觉，想要去寻找自己的人生意义。帕西法尔请求母亲让他到外面的世界去闯一闯。

母亲终于应允了他的请求，帕西法尔出发之前，他的母亲给他穿上了一身愚人的衣服。她希望这身衣服会引起人们的嘲笑，如此一来，这个年轻人便会知难而退，回到自己身边。可她没有想到的是，尽管遭到很多人嘲笑，帕西法尔还是坚持了下来，到后来，他来到了古内曼兹的城堡。贵族古内曼兹准备当这个年轻人的师傅，要教他骑士的规则。他换掉了愚人的衣服，也改掉了愚人的习惯，古内曼兹教他如何礼貌行事，更重要的是，古内曼兹还教他懂得礼貌言行背后深层的道德规范。古内曼兹对这位成长中的骑士说："永远不要失去羞耻感，也不要强行向别人提出一些愚蠢的问题。永远都要记得对那些遭受痛苦和不幸的人表示同情。”虽然帕西法尔用心记住了这些话，却并不懂得这些话背后的真正含义。

不久之后，帕西法尔就来到一个遥远的地方，那里一片荒凉，人烟稀少。在这一片荒芜之地的中心，矗立着一座城堡，就是在这里，他第一次经历了对自己男子汉精神的真正意义上的考验。但那时他并没有准备好接受这个任务。在城堡里住着一位生病的国王，因为周身疼痛而在病床上翻来覆去，这便是圣杯王。他违反了追寻圣杯的人所约定的法则，竟然在没有获得批准的情况下追求世俗之爱。在接受惩罚期间，他的腰部受伤，要等到一位彼此不认识的骑士来提两个问题才有可能好转。“陛下，您得了什么病？”这位骑士必须首先向生病的国王提出这样一个问题。这个城堡里还有其他神奇的事情，圣杯本身也有可能出现在那些外来的人面前。可是，只有这个陌生的骑士问道“陛下，圣杯是为谁所用？”，国王的病才会痊愈。救赎的秘诀就藏在这两个问题里，这不仅仅是对生病的国王的救赎，同时也是对整个荒芜之地的救赎。

但是，帕西法尔看到国王卧床不起，却只记得古内曼兹教他的那些外在形式——好奇心是粗鲁无教养的，他不能强人所难，不能问一些愚蠢的问题。他也忘了要向受苦的人表示同情。因此，他什么也没有说。当圣杯伴随着圣乐的悦耳声，由圣杯骑士缓慢小心地捧着，由少女看守，并在一片圣光中显现出来时，帕西法尔就一直紧紧抿着嘴唇，目不转睛地盯着它看，因为他害怕一不小心就现出蠢相，因此，他还是一句话也没有说。在此之后，伴随着一阵雷鸣，城堡消失了，一个声音传来："愚蠢的青年人啊！该问的问题你都没有问。假如你提出那些问题，国王一定就能痊愈了，他的四肢一定会再次强壮起来，大地一定会恢复生机。现在，你只好在荒原里再游历好多年了，直到学会同情为止。"帕西法尔意识到自己犯了错误，但一切为时已晚。他在一个寒冷灰暗的黎明骑马进入荒芜之地，决心终有一日，他会重夺再睹圣杯的权利。

评论： 帕西法尔很像很多刚刚踏上社会的年轻人。我们在他成长的过程和他的性格中，可以看到皮尔杜的影子，那个神话故事的根源同出于凯尔特传说。帕西法尔的母亲之所以心急如焚，是因为她知道生活并非总是一帆风顺，而且自己也饱尝生活的艰辛苦涩。她不愿意跟帕西法尔讲人生的考验、磨难和回报，而是严守秘密，不让他了解人生潜在的悲伤和欢乐。许多父母不愿意让孩子们了解生活中的艰难困苦，而是竭尽全力地美化生活的方方面面。他们可能拒绝承认自己的孩子有可能会对性生活、毒品和酒精产生兴趣，并不对孩子提供这些方面的教育，或者不经任何解释或讨论就强行制定一些规则。然后他们在发现孩子染上了毒瘾，或者不小心怀孕的时候便会万分惊恐。但是，那条“蛇”会以不同形态来到我们身边。帕西法尔在林中遇到了骑士，发现在母亲的保护圈外还有更加宽广的人生。

帕西法尔准备好了接受古内曼兹的教导，这也是青春期时一个为人所熟知的主题。我们希望在家庭之外找到角色模范，这样的人能帮助我们脱离家庭束缚，形成自己的个性。不过，帕西法尔对古内曼兹的教导只学到了皮毛。他还年轻，没有经验，无法理解这个长者所教授给他的真正意义。导致这一结果的一部分原因在于他的母亲并没有教授给他任何基础知识，使得古内曼兹的话无法在他的心里扎根。我们在童年和青年时期掌握的知识，只有在由父母所提供的肥沃土壤里才能养成牢固的自我意识，而父母自身也必须诚实地与孩子分享自己的人生经验。所以说，帕西法尔离开古内曼兹的城堡时，得到的只有信息而并非智慧。他知道行事的准则，却没有理解准则背后的深层意义或目的。当时他还没有经受过失去或失望，也没有经历过本可以从中学会体恤别人的痛苦之教训。因此，当面对一个在痛苦中挣扎的病人时，他能够想到的，也只不过就是不要做出愚蠢的样子。当他获准看一眼圣杯的时候，也只会咬住自己的嘴唇，以免说出听起来愚不可及的话。换句话说，他思考的主要是自己在别人面前是个什么样子，因此就不能成熟地应对出现在眼前的实际情况。这样，他就没能提出重要的问题，被赶出来以后也只知道自己失败了，虽然他已下定决心，等将来有一天一定夺回自己曾经失去的一切。

帕西法尔没能提出来的两个问题，其实是象征着当我们进入生活以后必须随时具备的生活态度。这件事还告诉我们，为了让孩子们准备好生活实践，我们必须要鼓励他们提出哪一类的问题。

“陛下，您生了什么病？”这是帕西法尔应该向身陷病榻上的国王提出的问题，这体现了对他人真正的关心与同情。在所有人类行为的背后，都有着与其表象所截然不同的本质原因。当我们对其提出质疑的时候，或许就会发现，那些我们认为不好的，或是自认为难以接受的，往往并非是真正邪恶或卑鄙的存在，其实是人类软弱与无知的产物。我们越是无知，就越是会对他人横加指责。我们之所以会错误地不公平地评判他人，是因为我们不知道他们的过去。除非我们开始自省自身所经历的过往，否则我们同样也不会理解自己所经历的难处。发问是促使我们对他人报以同情心的重要一步。当他人遭遇不幸，如果能够换位思考，我们就不会站在道德的制高点上觉得自己高人一等，由此我们才能够学会谦卑。

第二个问题便是：“陛下，圣杯为谁所用？”自从人们第一次创作出有关圣杯的故事以来，这个问题一直都使学者们感到困惑，并引发了他们极大的兴趣。当我们遇到任何好运气时，无论是早期的成功、获得爱的恩赐，还是具有重大价值和重要意义的精神体验，我们都需要问一问，这种好运会给我们带来什么更深层次的影响。这其实是一种宗教态度，尽管它并不局限于任何具体的宗教教义或是宗教学说。这是一种看待生活的方式，以此我们能够感受到某种更深层次的行为模式和目标。当生活给予我们馈赠时，我们需要摆脱得意忘形的状态，静下心来自问一下，这份天赐的礼物究竟是否具有更深层的用途。只有这样，才能将生活经验转化为更有意义的东西，使我们摆脱自我束缚，敞开心扉与他人分享彼此的智慧、想象力、创造力、天赋以及好运。这种分享虽不是以牺牲自我为代价，但同样也不完全是为了自身的利益。持有如此心态会净化我们的生活。“净化”（sanctify）一词源于拉丁语词根，意为使某物更加纯洁神圣。当我们能够提出这些最根本的问题，就相当于开阔了我们的眼界，使自己与一个更加伟大的整体紧密相连。这就是年轻而愚钝的帕西法尔所未能完成的任务，而这也是我们在年轻时经常做不到的事情，尤其是当我们还是孩子的时候，我们没有得到这种智慧或教导来促使自己养成这种态度。帕西法尔必须在荒芜之地流浪多年，直到经历过痛苦之后方能学会同情他人以及谦卑行事，自此他才能够再次找到那座城堡，提出多年以前就该提出的那些问题。或许我们自己也需要很长的一段时间去反思、去犹豫，之后才能从中吸取教训。如果我们能够拥有更多的才智，无论我们是作为刚刚开始探索人生意义的年轻人，还是已经为人父母，或许我们都能够将这一过程缩短，使自己少经历一些痛苦。

珀耳修斯

奉献的意义

珀耳修斯的故事告诉我们，爱与勇气能够战胜一切仇恨与恐惧，并能在子孙后代身上得以延续。为所爱之人进行抗争并做出牺牲，会使冲突得以终结，并为后代延续打下基础。但是起初我们的英雄并非有意识地想要追寻这样的结果。事实上也没有几个人能在年轻时便清晰地意识到要去寻找人生意义，多数时候年轻人只是单纯地希望眼前的一切能够变得美好一些。珀耳修斯最初只是想要拯救自己那不幸的母亲，可最终得到的结果却比自己原本预期中的多得多。

珀耳修斯是希腊神话中宙斯与达那厄的儿子，神谕告诉达那厄的父亲——阿克里西俄斯国王，终有一天他会被自己的外孙杀死。阿克里西俄斯国王惶恐之至，便将他的女儿关了起来，并赶走了所有的求婚者。但是深深迷恋上达那厄的宙斯是一个天神，他化作一阵黄金雨潜入囚室，与达那厄结合，生下了珀耳修斯。阿克里西俄斯发现，尽管自己万般小心，还是有了一个外孙。于是他将自己的女儿与外孙一同锁在了一个木箱里，将其沉入大海。

可宙斯在海上刮起一阵和风，使母子二人平安无事地横渡了海洋，最后被潮水带到了对岸。木箱漂上了一个小岛，被一个渔民发现。岛上的国王收留了达那厄与珀耳修斯，让他们母子二人在岛上得以安身立命。珀耳修斯长大后变得身强力壮，骁勇善战。后来国王对达那厄图谋不轨，因此向珀耳修斯发出了挑战——他要求珀耳修斯取来蛇发女妖美杜莎的头颅。珀耳修斯接受了这个危险的任务，不仅仅是因为要以此获得个人的荣誉，还因为他深爱自己的母亲，甘愿为了保护母亲而牺牲自己的生命。

美杜莎是一个极其可怕的妖怪，传说无论是谁，只要看她一眼就会立刻变成石头。珀耳修斯需要神明的帮助才能战胜美杜莎，他的父亲宙斯自然义无反顾地给予他帮助。冥王哈得斯借给他一顶头盔，他戴上后便可隐身；神的使者赫尔墨斯为他带来了带翅膀的鞋子；智慧女神雅典娜送给他一把宝剑和一块特制的盾牌，这块盾牌锃亮得如镜子一般。借助盾牌，珀耳修斯便能看到美杜莎的反应，这样一来，他不用直视美杜莎便砍下了她的头颅。

珀耳修斯将美杜莎的头颅装好后，便直接飞奔回家。途中他遇到一位美丽的少女被人用铁链绑在了海边的岩石上，等着可怕的海怪来将她杀死。

询问过后珀耳修斯得知，原来少女的名字叫安德洛墨达，只因她的母亲触怒了神灵，她便被捆在这里，作为祭品进献给神灵。珀耳修斯爱上了楚楚动人的安德洛墨达，并用美杜莎的头颅将海怪变成石头，救出了他心爱的人。珀耳修斯带着安德洛墨达回去见自己的母亲，却未能得见。原来在他离家期间，国王不断骚扰他的母亲，他的母亲最终不堪其扰，逃到了雅典娜的神庙中。

珀耳修斯只能再次高举美杜莎的头颅，把所有与他母亲为敌的人都变成了石头。之后，他便将美杜莎的头颅献给了雅典娜，雅典娜将这头颅装在了她的盾牌上，自此这便成了雅典娜的象征。随后珀耳修斯陆续将其他的礼物送还给诸位神明。他与安德洛墨达一起孕育了很多孩子，承欢膝下，一家人从此过着平和安稳的生活。唯一使他哀伤的是，有一天，他在竞技比赛中掷出了一个铁环，结果这铁环被一阵突如其来的大风刮到了很远很远的地方。最终铁环砸中了一位老人。这位老人便是珀耳修斯的外祖父阿克里西俄斯。如此一来，阿克里西俄斯当初想方设法要破解的神谕最终还是应验了。实际上，珀耳修斯并没有想要报复他的外祖父。虽然阿克里西俄斯的死只是一个意外，可珀耳修斯再也不想统治这个本该属于他的王国了。于是，他与相邻的阿尔戈斯国王交换了领土，并为自己建造了一个很大的城池，命名为迈锡尼。在那里，他与家人相亲相爱地生活了很多年。

评论：　　珀耳修斯的故事是由恐惧开始的。阿克里西俄斯因为害怕神谕的预言成真，便抛弃了自己的女儿和外孙。年长者对年轻人的畏惧是神话中常见的主题，阿克里西俄斯的形象体现出一种消极的心态，其实这在老年人中是极为常见的。“珀耳修斯”（Perseus）这个名字是“毁灭者”的意思，它所描述的职责，其实是杀死美杜莎。可阿克里西俄斯只看到了“毁灭者”这个身份对自己的威胁。在故事中，天神宙斯扮演了一个好父亲的角色，他一直在关注自己的孩子，并在暗中引导和保护母子二人，使他们的生命安全得到保障。

虽然达那厄的父亲具有毁灭性的性格，可达那厄得到了宙斯的爱与疼惜，同时她也深爱并疼惜自己的儿子。珀耳修斯也对达那厄对他所付出的爱给予了回馈——为了救出母亲，他心甘情愿地以自己的生命去冒险。因为母亲不断受到国王的骚扰，所以他便决定离家前去降伏一种可能会危及他生命的怪物。他独自出去闯世界，其实并不是因为他主观上想要寻求生命的意义，而是为了保护他所珍视的人。尽管得到了神明的帮助，他却能够智慧而谨慎地运用这些帮助。他是一个集智慧与勇气于一身的人，所以才能战胜美杜莎；当他陷入爱情，他也能为了保护所爱之人而无惧艰险。佩雷杜尔、帕西法尔以及甘格兰是以舍弃家人为代价来寻求自身的意义，而珀耳修斯却与他们三人截然不同。虽然他也离开了自己的母亲，可他凭借与母亲之间的亲密关系使自己充满勇气和斗志，最终完成了壮举，成就了一番事业。

珀耳修斯一直以来都是以规矩而得体的形象出现的，其实这代表了我们每个人的内心都蕴含着某种品质，正是这种品质使得我们尽量在不损害他人利益的前提下实现自己的目标。他爱憎分明，只惩罚那些应当受到惩罚的人，并且一直敬重神明。他将神明赠予他的礼物悉数归还，因为他很清楚自己只是一介凡人，并没有权利将神明之物据为己有。到了故事的结尾，他仍然行为得体，放弃了本应属于自己的王位，只因他为外祖父的死而深感愧疚哀伤。他能够原谅阿克里西俄斯，因为他觉得这位老人的恐惧是情有可原的，而他并没有必要去报复。也许这就是他能够长寿，并与自己的母亲、妻子和孩子们一起幸福快乐生活下去的根本原因，而这样圆满的结局在古希腊神话中是非常罕见的！

第三部分

爱以及
人与人之间的关系

正如人们所说，是爱推进着世界的运转。无数的神话讲述了激情与厌恶、婚姻与分离、爱与竞争、性的忠诚与背叛，以及超越一切的同情的力量，这些都突出了爱在我们生活中的重要性。世界神话中没有哪些人际关系主题是一成不变的。且因为人与人之间的关系是如此错综复杂，所以神话故事中所呈现的道德也同样是多方面的。再没有什么是比人与人之间的相互吸引或相互厌恶更为神秘莫测的了。我们经常寻找一些简单问题的答案，这些问题需要舒展心灵才能正确地表达出来。神话中的爱情和悲伤会通过许多不同的形态呈现，有些甚至带有明显的异国情调。尽管这些故事中的一些可能会挑战我们对人际关系的许多道德假设，但关于爱的神话也能为我们的不幸提供安慰，为我们的困境提供指导，并帮助我们洞察为什么我们有时会在个人生活中制造困境。

第一章

激情与拒绝

在神话中，性激情往往被描绘成一种比任何力量都更强大的力量，它能够驱使人类和神违背自身的意愿采取行动，但往往都以悲剧告终。希腊人将此归因于阿佛洛狄忒女神的行为，她通过那些无法控制的激情折磨着男人和女人，给那些冒犯她的人带来疯狂和毁灭。然而，激情本身并不是一种消极或不道德的力量。它与力量、勇气、性欲和灵魂对美的反应结合在一起，反映了生命本身的力量和坚韧，因为它是由上帝启发的，所以它是神圣的。神话告诉我们，凡人追求激情的方式，以及激情压倒理智的程度，才是真正带来伤害、排斥甚至灾难的根源。

厄科与那喀索斯

自恋的悲剧

这一悲伤的希腊神话所讲述的激情和拒绝，表明了报复非但没有带来解脱，反而加剧了痛苦。更重要的是，这意味着如果我们不了解自己，我们可能会用一生的时间通过自我痴迷来寻求这种知识——这意味着我们无法给予他人爱。

从前有一个叫那喀索斯的年轻人，他的母亲急于知道自己儿子的命运，于是咨询了盲人先知提雷萨。“他会健康长寿吗？”她问道。

“会的，只要他不认识自己。”提雷萨回答道。于是这位母亲想方设法不让孩子在镜子里看到他自己的样子。男孩子长大之后变得惊人地漂亮，所有见过他的人都会爱上他。尽管他从未看到过自己的样子，不过他从别人的反应中也能知道自己有多漂亮。但是他永远都无法确切地得知自己究竟美到什么程度，所以他只能请旁人告诉自己，这样他才能获得自信。然而，这使他变成了一个对自己异常关注的年轻人。

那喀索斯开始独自在树林里散步。这时，他得到了许多赞美，以至于他认为没有人配得上看他一眼。丛林里住着一个叫厄科的女神，她曾因喋喋不休而惹怒了赫拉，因此赫拉夺走了她说话的能力，使其只能重复别人说过的话。可即便如此，她也只能重复别人说过的最后几个字而已。厄科对那喀索斯爱慕已久，她一路跟随他穿过森林，希望他能对自己说些什么。但是他完完全全沉浸在对自己的思考当中，以至于完全没有注意到厄科一直跟在自己后面。最后他驻足在一个池塘边，蹲下来喝水，这时厄科终于抓住了机会，捡起几根树枝敲了敲，以此引起他的注意。

“谁在那儿？”他惊呼道。

“那儿！”厄科回应道。

“过来！”那喀索斯恼怒地说道。

“来！”她一边发出回声一边从树后走出来，抱住了那喀索斯。

“滚开！”他愤怒地大喊道，“你跟美丽的那喀索斯根本无法比拟！”

“比拟！”厄科的回声里满是伤心之情，她满心羞愧地悄悄离开，并向众神低声祈祷，让骄傲的年轻人有一天知道无望地爱一个人是什么滋味。众神听到了她的祈祷。

那喀索斯回到池塘边喝水，之后他看到了一张他从未见过的美丽的脸庞。他立刻爱上了眼前的这个年轻人。他微笑着，然后发现眼前的那张脸也在冲他微笑。他俯身贴在水面上，亲吻那粉红色的嘴唇，但他一碰到水面，那张漂亮的年轻的脸便瞬间变得粉碎。当他坐在那里不动，那美丽的景象就又回来了。

“不要如此无视我！”那喀索斯对水中的倒影恳求道，“我是所有人都爱而不得的那个人。”

“人！”厄科伤心地回声道。

那喀索斯一遍又一遍地俯向水面去拥抱那个美少年，每一次都徒劳无功。那喀索斯寸步不离、废寝忘食地守在池塘边，目不转睛地凝望着水中的美少年，一声声地叹息。然而，他能得到的只是来自厄科那哀伤的回声而已。最后，他那颗破碎的心终于停止了跳动，而他也独自冰冷地躺在了睡莲里。众神也为如此美丽的尸体所动容，于是把他变成了现在以他的名字命名的花——水仙。

至于可怜的厄科，她因那喀索斯冰冷的心而诅咒他，但到最后，除了满腹哀伤以外她却什么都没有得到。她日渐憔悴，直至生命的最后一刻，她所拥有的仍然只是那最后一句回音。

评论：　　在这个众所周知的神话当中蕴含着许多深刻的主题。那喀索斯是一个被爱环绕的孩子，他的母亲急于知道他的未来，在他还很小的时候便去咨询先知。先知建议说，他长大以后，不要让他看见自己。因此，他的母亲试图欺骗命运，将他藏匿起来，但是母亲没有意识到，她这样做，其实是在设计儿子的命运。那喀索斯长大后变得自私自利，不知为他人考虑，原因便在于他一直将所有的注意力都放在别人是如何看待自己这件事上。因为他面容俊美，所以周围的所有人都能原谅他那些傲慢自大的行为。他其实从未真正认识过自己，他只知道周围的人看到他之后都会大惊小怪，因此他自然而然地就认为自己比其他人都要优秀和重要，进而鄙视他人。在这种鄙视之下，其实潜藏着深深的依赖和强烈的自我怀疑。如果我们连自己是谁都不知道，又如何珍视自己呢?

此后厄科爱上了那喀索斯。由于自身欠缺沟通能力，她的性格变得天真而脆弱，因为只有通过沟通，我们才能了解彼此内心的想法和感受。我们可以推断，赫拉是因为厄科只是一味地表达自己、不去倾听别人而惩罚她，因此她永远都无法做到真正地与人沟通。厄科只是爱上了一个美丽的皮囊，对他的真实性格却浑然不知。那喀索斯的拒绝直接引发了她的愤怒。她祈求复仇，但到最后她也与那喀索斯一样以悲剧收场——那喀索斯是因为他的自恋，厄科则是因为她没有回应的爱恋。

我们能从这则神话中学到的很重要的一点是，爱只有在相互给予而不是索取的氛围中才能蓬勃滋长，只有当双方都清楚地认识自己，并且有能力、愿意相互沟通时才会发生。“自恋”（narcissism）一词在心理学中被用来描述一个人除了他（她）自己之外，很难与其他人产生共鸣。这通常归咎于失败的教育。虽然孩子深受宠爱，但从来没有真正被视为一个独立的人，因此他们也就从来没有学会如何看待自己。如果我们不把自己当成真正的人，我们就永远不能相信别人的爱。如果我们不能相信别人的爱，那我们自己就永远无法爱别人。这个神话警示我们，这种自我困扰可能导致残忍、停滞，并失去所有未来的成长和创造潜力，这是一种心理上的死亡。

孩子天生的自私，会随着对自身限制的认识和与家长真诚的沟通而逐渐得到改变，最终发展成健康的自尊。我们每个人都需要感觉自己是特别的和被爱的，但我们需要以真实的内心来感受它，而不是以一个完美的理想化的幻想。许多恋情都是因为双方从来不曾以真实的自己去爱而以失败告终。他们一直是备受宠爱的孩子，承载着父母的梦想，受疼爱是因为他们可以供给父母某些东西，而不是因为他们自己是什么样的人。因此，如果他们在童年时期没有形成真正的个人认同感，在成年以后，他们就会不断寻求通过激发他人的爱来填补自己内心的空虚感。之后，当他们深深地觉得自己毫无价值时，他们就会拒绝别人的爱。那喀索斯和厄科就好像一枚硬币的正反面一般反映着各自的不真实。

许多公众偶像不幸的爱情生活证明了这种对爱的贪婪渴望，它取代了人生早期缺失的东西——一种真实的自我感觉。可能是因为我们都有一点自恋，反而会促使我们充分利用自己的天赋。但就是这一点也能起到很大的作用：当自我陶醉成为一种抵御空虚侵入恋情的手段，爱就会飞出窗外。然后，当旧日熟悉的空虚悄然出现时，不管自己的情人会做何反应，我们都可能会残忍地对待他们，因为我们担心对方会发现我们所害怕的东西。当我们成为厄科一样的人，其实我们是爱上了我们所想象和所期望中的景象罢了。如果我们的自我价值少到只能附和心爱之人，我们就可能会受到残酷的对待。厄科的报复能带给自己的只有更深的伤痛罢了，她没有得到任何成长，而是永远地被孤独的爱和愤怒所冻结，这种爱和愤怒吞噬着她，直到失去所有。不幸的是，每一位离婚律师都曾多次听到类似于厄科和那喀索斯的故事。

丘贝雷与阿提斯

危险的占有欲

这是一个讲述了赤裸裸的、极端的嫉妒情绪的古老故事。在土耳其中部，丘贝雷的崇拜可追溯到至少六千年前。然而，这个主题也是完全适用于现代的，因为它讲述了占有式爱情的悲剧性后果。虽然那位嫉妒的情人也是这个故事中的母亲，但许多成年人的关系涉及无意识的婴儿式依赖和父母的占有欲。也许是我们把与父母之间尚未解决的问题带入我们的成人生活，并以更微妙但心理上相似的方式来演绎这个故事所呈现的主题。

伟大的安那托利亚大地母神丘贝雷生下了一个男孩，她给他取名叫阿提斯。从他降生的那一刻开始，丘贝雷便深陷于他的英俊容颜而不能自拔，她发誓一定竭尽所能地使他快乐。当阿提斯从一个婴儿成长到一个蹒跚学步的孩子，再到他成为一个年轻人，她的爱在一步一步地加深。当他成年后，她把这个成年期给了自己，成为他的情人。她还使他成为她神秘的祭司，并以绝对忠诚的誓言来约束他。于是，这两个人生活在一个与世隔绝的天堂世界里，没有任何东西能破坏他们之间这种完美的关系。

但是阿提斯不可能永远远离外面的世界，他的乐趣之一就是漫游山间。有一天，当他在一棵松树下休息时，他看到了一位美丽的仙女，他立刻爱上了她，并与其交合。但一切都逃不过他的母亲丘贝雷的眼睛，当她发现她的儿子，也是她的情人，对其不忠的时候，内心升腾起一股强烈到可怕的嫉妒之情。她发疯一般地打了阿提斯一顿，而阿提斯则疯狂地阉割了自己，以确保再也不会违背他的忠诚誓言。当阿提斯从昏迷中醒来，他的精神和意志已经被彻底摧毁，之后便因失血过多而一命呜呼。就是在他与心爱的仙女共度良宵的那棵松树下，他在丘贝雷的怀中闭上了双眼。但因为阿提斯是一个神，所以他并没有就此死去。每年春天，阿提斯都会重生，然后与他的母亲共同度过富庶的夏天；到了日照低潮期的冬天，他便会再次死去，因此大地女神会再次陷入悲伤，直到下一个春天来临。

评论：　　丘贝雷与阿提斯之间的乱伦不必较真。母亲和孩子之间的紧密联系是由许多情感构成的——感官、情感和精神——母亲看着新生婴儿的脸，觉得孩子是美丽的，这是正常的，并不是病态的。母亲和孩子之间的联系在以后的生活中得到显现，也是很正常的，因为年轻人可能会在心爱的人身上寻求与早年经历相似的品质和情感反应。大多数爱情中都包含着养育和依赖的因素，归根结底，这是一个关于我们是否能在一段平等和独立的关系当中给对方以适当空间的问题。这则神话故事中的悲剧就在于丘贝雷一定要对她所爱的人保持绝对占有。虽然这种情况也并不少见，但在成人关系和母子关系中，如果拒绝承认以及控制我们内心的占有欲，那么很有可能会对人的心理造成严重破坏。

丘贝雷无法让阿提斯成为一个能与她平等相处的伴侣，她希望他的生命中只有她，完全依赖她，不能把他的生活与她分开。这种感情模式在很多爱情关系中都能体现出来，就好像一对情侣中的一方——无论是男性或是女性——憎恨另一方所独有的朋友和喜好。人们可能嫉妒伴侣全情投入工作或是具有创造力，甚至可能对伴侣保留自己的想法产生怨恨。这不是爱情，这只是占有欲罢了。当一个人将一段关系中另一方所持有的独立性视为威胁的时候，内心便会产生强烈的不安全感。而这种绝对的占有欲恰恰来源于此。尤其是当如丘贝雷一般缺乏安全感的人的生活中除了自己心爱之人以外没有任何别的东西的时候，他们内心深切的不安全感便会引发强烈的破坏性情绪。

阿提斯对丘贝雷的不忠行为，从本质上来讲是他在试图建立一个独立的男性身份。丘贝雷对他的报复迫使他进行了自我阉割。这是一个血腥而残忍的画面，幸好它只存在于神话世界之中。但在日常生活中，这种所谓“自我阉割”的程度可能会更加微妙。如果有人试图通过情感绑架的力量来破坏伴侣的独立性，那么实际上，他们就是在试图阉割伴侣的生命活力；如果对方因为害怕失去这段关系而与之结合，就已经在对方心理层面上形成了“阿提斯的自我阉割”。

我们可以从阿提斯的发疯中窥见心理操控经常会造

成的混乱，因为被施予控制的人也许并没有完全意识到自己正在经历的事，或者在情感上还没有成熟到能够理解这件事。将负罪感、批判、情感和性隐瞒作为一种手段，通过微妙地干扰伴侣与朋友之间的交往及来自外部的兴趣爱好而将其孤立起来，这些都是当今丘贝雷（不管是男性还是女性）让他们的伴侣陷入不确定和自我怀疑状态的方法。

强烈的感情和不安全感相结合会产生非常不好的东西，它会导致如这则黑暗的故事中所描述的极具占有性的爱情。也许他们双方的内心都存有这种不安全感，否则阿提斯就会挣脱束缚，开始新的生活。丘贝雷能够把阿提斯逼疯，其实是因为他绝对需要她；在心理上，他仍然是一个无法离开丘贝雷的婴儿，他所感觉到的依赖性，就像孩子对父母一样。当我们把如此强烈的依赖情绪带入成人关系中时，我们可能会打开一扇巨大的痛苦之门。除非我们能够应对彼此分离的情况，否则我们无法忍受别人试图操纵和束缚我们；我们也不能避免试图操纵和约束他人，以使他们与我们保持亲近。在如此纠结的关系当中，我们没有办法全心全意地投入生活当中，而是必须放弃掌控自身命运的力量，只因为我们害怕被孤立。无论是丘贝雷还是阿提斯都无法忍受人们作为一个独立自主的存在所要面临的最基本的挑战，因此，他们不可能成为真正尊重和认可彼此的恋人。他们使自己处于一种心理融合的状态，这种心理融合会导致背叛、伤害、困惑和自我毁灭的周期性重复上演。这则神话告诉我们，导致悲剧的不是只有激情而已，而是激情和缺乏独立能力的病态混合体。

参孙与大利拉

屈从于诱惑

《圣经》中有关参孙的神话向我们展示了错误的激情所带来的悲剧结果，在某种程度上，它可以被解释为一种对诱惑屈服的道德禁制令。但参孙的力量和他的头发之间的神秘联系，以及他被非利士人弄瞎双眼的故事，揭示了更深层次的意义，这可能会让我们更多地了解激情在自我发现中所起的作用，而不是在外部生活中社会认为我们应该遵循的道德规则。

以色列人玛挪亚因为自己的妻子不能生育而备受煎熬。于是玛挪亚向耶和华祈祷，而耶和华也听到了他的祈祷并满足了他的愿望。于是参孙降生了。参孙长得又高大又强壮，但是耶和华的灵性不仅使他有极大的能力，同时也拥有了暴跳如雷的脾性。有一天，参孙碰到了一个非利士女人，想要娶她为妻。但在当时以色列人是受非利士人奴役的。他的父母问他，为什么不能在自己的族人中找一个妻子？但是参孙心意已决，而且他一动怒就使旁人惊恐不已，最后他如愿以偿娶了那个非利士女人为妻。不久之后，他便厌倦了妻子，竟然将妻子送给了他的一个同伴。后来参孙去探望她，却遭到了她父亲的阻拦。怒气之下，参孙放火烧了非利士人种的麦子。非利士人见他如此行事，就把他的妻子和他妻子的父亲烧死了。作为报复，参孙杀死了许多非利士人，而他们也试图击败并抓住参孙。但参孙太过强大，非利士人始终无法战胜他。因此，参孙和他妻子的族人之间，就此埋下了无尽的苦涩和仇恨的种子。

有一天，参孙来到加沙，遇到了一个妓女，随之与其交合。而非利士人就埋伏在那里，企图在其离开之时将他杀死。可他们再次失败了。之后，参孙遇到了一个美丽的女人并爱上了她。她的名字叫大利拉。非利士人的首领找到了她，求她引诱参孙，为他们探知他巨大能量的奥秘所在，使他们能够战胜他。事成之后他们会给她一千一百枚银币作为报偿。

大利拉百般尝试，想让参孙告诉她他的秘密。这使参孙变得烦不胜烦，于是告诉她，如果他的头发被剃光了，力量就会从他身上消失。于是大利拉将这个秘密告诉了非利士人的首领，非利士人也依照约定付给了大利拉银币。之后，当参孙在大利拉的怀里酣睡之时，一个男人进来剃掉了他的头发，参孙便失掉了所有的神力。

当参孙醒来，非利士人将其抓获并剜掉了他的双眼。他被扔进了监狱，所有的非利士人都因他们的敌人被打败而欢欣鼓舞。参孙在监狱里痛苦地煎熬了很久，然后被带到人们的面前去供人玩乐。在这期间，参孙的头发又重新长出来了。他被人用铁链绑在宫殿的柱子之间，有三千非利士人聚集在大殿上一起嘲笑他。参孙向耶和华发出呼唤，抓住了支撑宫殿的两根柱子，随即使出全身的力气俯身前倾，整座大殿轰然倒塌，压在了非利士人的身上。虽然参孙死了，但是他的敌人们也都被打败了。

评论:　　这个故事中明显的道德寓意无须详述：参孙犯了错误，第一是选择不合适的妻子，第二是激化以色列人和非利士人之间的敌对情绪，第三是他对大利拉的热情（另一个不合适的情人），第四是愚蠢地向大利拉透露他的秘密。他为自己的罪过付出了代价，最后，他的敌人也遭到了毁灭。但如果想了解这个故事对激情的本质所提供的洞见的话，我们需要更仔细地研究它的细节和参孙本人的性格。

从一开始，参孙就是一个易怒的人。“主的意志”是一种模棱两可的精神，因此使他变得暴躁和自私自利。就像很多希腊神话中的人物一样，他也为自己的自私自利付出了代价。换句话来讲，就是他不懂得自制，因此也不想控制驱使他内在的东西。一旦他想得到什么，他就必须得到什么，包括从他敌人的部族中选择妻子。这里所涉及的并不是爱，而是单纯的出于生理上的吸引而产生的需求必须得到满足。当他厌倦了自己的妻子，便将其抛弃一旁。在这种情况下，他妻子的父亲不允许他来探视妻子也实属情理之中，他却烧毁了非利士人田地里所种的粮食，进而悲剧产生了。其实是他自己造就了自己的悲剧。

对参孙来说，诱惑必定会成功，因为他没有思考的能力。他甚至不去怀疑为什么大利拉一直坚持问他的秘密，因为他完全是被情绪和本能所驱使的。最后，他泄露了所有的秘密，也因此失去了所有的神力。

头发，或短或长，或乌黑或花白，在世界上很多地方的神话故事中都有它的象征意义。甚至在历史上，它的象征意义也很明显：例如法兰西的国王，从来不剪头发，因为他们相信头发象征着上帝赐予他们的权力。弗洛伊德把梦中的头发与阳痿联系在一起。不过，尽管如此，我们还是要记住，参孙的头发长在他的头上，这是他的心灵之所。头发还可能与人的思想联系在一起，它是一个人思考力的象征，决定着他的人生走向和看待世界的方式。只有思考，我们才能控制住自己的破坏性冲动，避免陷入盲目情绪当中。参孙放纵自己，被生理上的激情所控制，因此失去了他独立的意识。他的头发远在被真实地剃掉之前就已经象征性地失去了，因为他忽视了反省的力量，只顾满足自己的激情。他的失败不在于被女性所吸引，甚至也不在于强娶不适合的女子为妻，他的失败在于随便抛弃全部反省能力。

结果便是，参孙被俘并被挖去了双眼。眼盲在神话故事中常是与内在的视野和理解联系在一起的，而这种理解的前提是，人们要将目光从外部世界移开。那喀索斯故事中的盲人先知提雷萨便是其中的一个例子，还有俄狄浦斯从自我盲目到自我发现的过程也是如此。参孙在监狱中学会了自我审视。那么他发现了什么呢？他的头发重新长了出来，他学会了独立思考，他向上帝祈求原谅，之后他才重获神力。在心理学层面上，我们可以将这个过程总结为，这个力量强大的人，习惯于简单粗暴地说出他想要什么，却又因为生命的局限和自己不能清楚地认识自己，而被迫去想起自己真正为之服务的理想究竟是什么。

这能使我们认清日常生活中的激情吗？我们需要在它的盲目力量与内在审视、反思、回忆及理想中间找到一种平衡。通过这些错误、麻烦以及伤痛，我们来净化自己的激情，学会给予和接受，我们因此变得谦卑并懂得审视内在。由此我们才能重新获得力量，实现自我。参孙的死同样具有象征意义，因为在这种对谦卑的认知中，我们也经历了一种死亡。我们必须摒弃自身的自私自利和傲慢，认识到生命的局限性。参孙的故事也说明了，激情是可以被转化的，它既可以使我们饱受痛苦，也可以使我们重新获得生命的意义。

梅林传奇

欺骗吸引骗子

理性，甚至是智慧的光辉，可能都不是激情的解药。虽然我们可能需要反思，但我们不能仅仅通过理性的力量来压制自己的心灵或身体。事实上，试图用理性的头脑来抵御激情，可能会使一个人在恋爱中特别容易变得盲目。即使是凯尔特神话中伟大的魔术师梅林，面对自己对某个女人的激情，也是无能为力的。

梅林是传说中的亚瑟王的顾问和挚友，他拥有着最为伟大的魔力。他不仅懂得所有草药知识，还能预见未来，并且千变万化，能够以多种不同的面貌出现，他可以变成一个拿镰刀的老人、一个小男孩、一个乞丐或者一个影子。他小心翼翼地守护着自己的力量，从来没有人知道他的智慧，他也从来没有与任何女人同床共枕过。

但也许是因为梅林从来不给自己机会去认识女人，所以他并不了解真实的自己究竟是什么样子的。最后，这位聪明且技艺高超的魔法师在爱情和性欲的甜蜜陷阱中走向了灭亡。有一天，梅林遇到了一位美丽的少女，她的名字叫奈妮薇。虽然梅林这时已经是个老人了，但他一见到少女，还是疯狂地爱上了她。为了引起奈妮薇的注意，梅林将自己变成了一个英俊潇洒的年轻人，并在奈妮薇面前显示他高超的法术。他在空中幻化出惊人的幻象，希望能赢得她的芳心：骑士在向女士们求爱，吟游诗人在奏乐，年轻的骑士们在比武，花园里满是喷泉和鲜花。但这位年轻女子只是站在那里看着，什么也没说。

梅林太专注于制造一种好印象，他没有注意到，奈妮薇根本不为所动。然而奈妮薇却承诺道，如果梅林将自己的魔法传授给她，她便同意成为梅林的爱人。梅林当即急切地答应了，他认为他找到了一个忠诚的情人。奈妮薇不断地从他那里获得越来越多的知识，学习他所有的咒语和神奇的配方，却永远克制自己，使他的欲望受挫。梅林终于明白究竟发生了什么，他知道自己被欺骗和愚弄了，但为时已晚，他已经无能为力了。

梅林清楚地看到了自己的未来，于是走到亚瑟王跟前，警告国王，他的顾问和魔法师的末日即将来临。亚瑟王对此表示困惑，为什么满是智慧的梅林完全救不了他自己。梅林悲哀地回答道：“我确实知道很多事情，但在理智与激情之间，理智永远无法取胜。”

这个悲伤的魔法师像一个饱受相思之苦的少年一样，被奈妮薇玩弄于股掌之中，但她从来没有满足过他的愿望；她总是承诺和诱惑，但在引出更多的秘密之后便又抽身而去。最后，梅林犯了一个最为愚蠢的错误，就是教会奈妮薇那些永远无法打破的咒语的秘密。为了取悦她，他甚至在大海上空那巨大的康沃尔峭壁上建造了一个神奇的房间，在里面放满了各种奇珍异宝。他希望以此使得他们之间的爱情得以完满。他们一同穿过一条秘密通道，来到房间，墙上嵌满了金子，屋子里被蜡烛照得通亮。梅林走了进去，可奈妮薇却在外面徘徊。随即奈妮薇启动了永远无法打破的可怕咒语，这咒语正是梅林教给她的。房间的门关上了，梅林被永远囚禁其中。在奈妮薇将通道移走的时候，她还能听到梅林在里面的哀号，但是她毅然决然地离去。人们都说梅林就像他自己所料想的那样，至今仍被困在那个堆满金子的房间里。

评论：　　这个著名的神话所讲述的伟大的魔法者的故

事，在我们现在的日常生活中也可以看到，甚至是被复制。有多少家庭，无论是男是女，历经多年隐忍，想尽办法要避免激情带来的痛苦、欢乐和转变，但最后却屈从于一种没有得到满足的或毁灭性的激情。俗话说，“老人做的蠢事最愚蠢”，但不是所有人到了晚年都是如此。它只适用于那些在青年时期和成年早期一直严格管理自己的人，他们一直害怕自己被强烈的情感和性需求的混乱、模糊所玷污。然而这些人到最后常常无法抵御人类的天性，他们往往会因不恰当的恋爱对象而堕落，但到那时再想去学习那些只有通过直接的情感体验才能带来的智慧已经太晚了。

梅林严守着他的秘密，这也埋下了毁灭的祸根。魔法师害怕受到攻击，依靠力量来维持自己的生活，而在渴望权力的地方，就几乎没有建立真正关系的空间。梅林宁可利用他超凡的智慧去掌控生活，也不愿让自己真真实实地去感受生活并为之做出改变。我们同样会以相同的方式控制激情，因为激情会使我们变得脆弱。当我们开始需要另一个人的时候，我们便不再如从前一般自控，届时无论生活给了我们什么，我们都将受其摆布。

对于那些在童年受过伤，并在很小的时候就不再信任爱的人来说，知识和权力可能是他们保护自己不受伤害的首选手段。然而，这种坚硬的防御外壳会让我们在内心深处变得幼稚和天真。因为我们不允许自己去经历那些能够使我们变得成熟的挫折和分离，我们将永远都无法真正长大。到那时，就像梅林一样，我们便会极易受到欺骗。

我们经常能够听到类似于某个力量强大的老人将一个年轻漂亮的女人抱在怀里，他的妻子和情人对于他来说就好像是战利品一般，以此来向世界吹嘘他仍然是有男子气概和为他人所爱的，实际上，恰恰是这样的人内心才一直害怕这些女人都是因为他的财富，而并非他本人，才留在他的身边。随着社会变得越来越开放，而不再像从前一样如清教徒般死板，我们开始看到，那些著名的上了年纪的女人也可能通过整容手术、严格的锻炼和控制饮食而努力保持年轻的状态，同时也开始寻找年轻的男伴。不可否认的是，在年老的男人与年轻的女人，或是年老的女人与年轻的男人之间，一定会存有热烈而绝对忠诚的爱情，但也不乏一些人妄图通过爱情得到更高的社会地位和更多的财富。

如果我们从心理学的角度去看待梅林的故事的话，我们会发现这个男人对生命充满了不安全感，只有在他的智慧和魔法能够掌控的范围内他才能感到自信。他用对权力的追求去弥补孤独和自我怀疑，他缺乏自我价值感，以至于当他遇到所爱慕的人的时候，他只能想到用权力，而不是他真实的面目来打动她。这在我们日常生活中也会有所体现。当我们对自我价值不那么确信的时候，我们便会通过权力、金钱、天赋或知识去取悦对方，我们一直没有意识到，如此一来，我们极易受到拒绝和伤害。如果我们一直以这些虚妄的带有欺骗性的东西来武装自己，那么，我们所能吸引来的也只会是骗子。梅林的故事足以告诉我们，当一个充满激情的人对自己的价值没有真正的信心，并且回避任何真诚、平等的交流时，这种激情便会带来一个悲惨结局。而我们最终需要的是诚实平等的相处。我们在本章前面提到的英雄参孙，只臣服于他的肉体欲望，缺乏理智思考的能力。而梅林害怕自己的肉体欲望，只相信自己的思想。只有在欲望、理性之间取得平衡，才可能发展出令人满足的关系。

第二章

永恒的三角关系

永恒的三角关系，从名字上来看，意思就是人永远很难接受只专一地爱一个人。三角关系是世界上伟大的诗歌、戏剧和小说的基本元素，也是许多律师收入中的重要组成部分。不忠在伤害和贬低我们的同时，也使我们着迷，也许是因为我们太清楚它的痛苦和魔力。永恒的三角恋是一种典型的体验，心理学对我们为什么会在感情中迷失做出了足够的解释。有时从痛苦的经验中我们可以得知，失去信任会腐蚀婚姻和破坏家庭生活；欺骗使我们感到羞辱。人类最痛苦的部分来自背叛。然而，与几千年前相比，我们并没有更好地理解为什么我们寻求一夫一妻制或实行一夫多妻制，而那时，两性关系与情感背叛才刚刚在神话故事中有所记叙。

宙斯与赫拉的婚姻

承诺与自由

有关不忠的最著名的神话之一是宙斯和赫拉的婚姻，他们是古希腊罗马文化中众神的国王和王后。在这里，我们所说的并不只是一段三角恋情，而是众多段三角恋情，因为宙斯是那种典型的通奸惯犯，但他却娶了一个善妒的妻子赫拉。他们的婚姻生活简直充满了嫉妒、报复和私生子，然而他们的婚姻却仍然继续存在。

宙斯是掌管天界的神，他维持着整个天界的秩序。他的妹妹赫拉在他极其浪漫的求爱之下嫁他为妻。看上去，赫拉确实让宙斯万般着迷。但是从婚姻的一开始，宙斯便对赫拉不忠，这使得赫拉觉得很受伤，并且变得极度忌妒。他们不停地争吵，宙斯偶尔与赫拉大打出手，以平息她的指责和抗议。赫拉已经受够了宙斯时常在外与不同的情人调情——从女神到凡人，从女人到男孩。宙斯总是需要以巨大的创造力和努力去追求不断变化的欲望对象。事实上，挑战越困难，他的激情就越强大；

他常常不得不施以各种伪装或是把自己变成动物，以便避开那些爱慕对象的愤怒的丈夫和有保护欲的父亲。追求丽达的时候，他将自己变成了天鹅；追求欧罗巴的时候，他将自己变成了公牛；到了得墨忒耳，则变成了马；而在达那厄面前，他竟让自己变成了一阵金雨。一旦欲望得到了满足，他则会立即离去，并开始寻找下一个目标。

另一方面，赫拉在其生活中的大多数时候都是备感伤痛的。她将自己的全部精力都放在了寻找宙斯出轨的证据以及羞辱、报复宙斯和他的情人们上，除此以外，她几乎没有什么别的事情可做，所以在某些时候复仇甚至成了她生命的意义所在。宙斯的私生子多得像天上的星星一样，这使赫拉尤其愤怒，她害怕宙斯爱这些孩子比爱她所生的孩子更多，便总是迫害那些私生子。她将狄俄尼索斯逼疯，还想办法烧死了他的母亲塞墨勒；她用不可能完成的任务折磨阿尔克墨涅的儿子赫拉克勒斯。她甚至将她的丈夫用皮带绑起来，威胁说要罢免他的众神之王的头衔。之后，宙斯在其他神的帮助下轻而易举地就逃脱了。尽管如此，他们之间的关系却仍能继续，并且激情不减。赫拉也很有能力借用阿佛洛狄忒的金腰带来吸引宙斯，激发他满足自己目的的欲望。在特洛伊战争期间，赫拉利用这条金腰带引诱宙斯，使其分心，无法保护特洛伊。

其实宙斯和赫拉一样善妒，但是他却坚持着双重标准。有一次，一个叫伊克西翁的凡人想引诱赫拉。宙斯看穿其企图，于是他从云中塑造出一个假赫拉，以此让伊克西翁感到快乐和满足。紧接着，宙斯将他绑在一个不停旋转的火轮上，这急速旋转的火轮永远折磨、撕扯着他的躯体。又有一次，赫拉觉得她实在是受够了，于是她离开了丈夫，躲了起来。没了整日与之争吵的妻子，宙斯一下子觉得无聊而又迷茫，此时，他的其他情人在他眼里也瞬间变得无趣。于是，他到处寻找赫拉的踪影。最后，听了一个有过婚姻经验的凡人的建议，宙斯放出话去，说他将娶别人为妻。宙斯塑造了一个美丽的雕像，将她装扮成新娘的模样，并将她带到了街上。赫拉听到这个传言之后，马上便出现了。她冲到了雕像的面前，撕开她想象中对手的面纱，可没想到她的假想敌却是用石头做成的。当她发觉自己被骗了，她立即大笑起来。一对夫妻就此破镜重圆。就像我们所知道的那样，在之后的生活中，每一天他们都还在相互争吵、相互伤害、相互猜忌又相互爱慕。

评论：　　宙斯和赫拉的婚姻肯定是不和谐的，我们现代社会的道德观很快就会谴责任何“后世的宙斯”，他们的行为被认为是和古希腊神话中的神如出一辙。但是他们的婚姻生活中却充满了激情和快乐，而且他们两个人谁也离不开谁。表面上，我们可以采取传统的道德立场，谴责宙斯的通奸行为。然而，这种婚姻还有更深层次的含义，这可能会让我们惊讶于他们对把人们联系在一起的本质的洞察力。

为什么他们不离开彼此，进而选择更为适合的伴侣，却仍要继续在一起呢？宙斯是创造力的缩影。他对理想的不断改变和追求告诉我们，他是神秘、易变、多产和强大的想象力的象征，不能被束缚或限制在传统的世俗结构和规则中。另一方面，赫拉是家庭之神，她象征着社会架构中所包含的持续性、责任、规则以及对传统的敬畏。事实上，这对夫妻就像是同一枚硬币的两面，反映了人类心灵的两个维度，这两个维度永远处于战争之中，却永远依赖于彼此。在多数的情感关系当中，一个人倾向于生活的想象维度，而另一个人更倾向于控制和构造生活，但我们都拥有这两种能力，而且在我们的生活中都需要这两种能力。

如果我们从心理层面理解宙斯的不忠，那么它反映了对美和魔法的不懈追求，以及对自我表达的渴望，这是艺术家创造力的本质。如果我们也能够在心理学的层面上理解赫拉的嫉妒，那我们也许就会看到在生活中保持责任心是有困难的，也许还需要极大的力气。还有当我们的自由被自己的选择所限制，而对方看起来却能够在不承担任何后果的情况下恣意妄为、自我陶醉时，我们都不可避免地感到愤怒。无论男女，都可能认同宙斯或赫拉。然而，这个神话般的婚姻告诉我们，宙斯和赫拉存在于我们每个人体内，如果我们希望避免如此这般痛苦又亲密的婚姻，我们或许应该在生活中找到一个平衡点，这才是明智之举。

宙斯与赫拉也是能在一起和谐相处的，这便是他们关系当中最为神奇的部分。当他们吵得不可开交之时，他们的关系却能够被调和。虽然赫拉嫉妒，但她不委曲求全。她用决心和机智反击，而不是将自己溺死在一个可悲的自怜的水坑里。故事反映了很多人性中最基本的组成部分：正如人们所说，下一个牧场的草总是更绿，如果这是一块禁地，那就更绿得让人心痒难耐。宙斯不断追求新的对象，一部分原因是其身份的约束；当赫拉离开了他，他同样用万般热情将赫拉寻回。赫拉四处追逐宙斯，是因为她从来都不能完完整整地拥有他。这桩婚姻当中最深的秘密是持久的爱情源于从未完全拥有对方。虽然这可能是痛苦的，但当我们面对一个迷失的伙伴时，我们最好问问自己，我们是否已经放弃了自己所拥有的一切，进而将自己完全交付于对方。认识到人类本性深处无法获得的追求，可以使我们意识到，如果我们要使所有关系在现实生活中都发挥作用，就必须做出妥协。妥协是一种不完美的解决方案，双方都得到了自己想要的东西，但没有人能完全按照自己的方式得到。为了建立一种可行的人际关系，我们必须放弃完美的理想，但同样，我们绝不能放弃自己的灵魂。

宙斯和赫拉的婚姻中没有任何解决方案可言；也许

在人类关系中，对于不忠的问题，无论是字面上的还是幻想上的，都没有解决办法。这在很大程度上取决于个人的道德、诚实、自我控制和心理洞察力。除非我们已经发现宙斯和赫拉的秘密，否则我们可能会继续被这些神话般的滑稽行为不时上演但双方又持续彼此相爱和欣赏对方的矛盾而困扰。但我们越了解责任和自由之间的矛盾，我们就越能更好地应对这种内部的自我紧张，这样，我们就不太可能两极分化成一个四处留情的宙斯或爱抱怨的赫拉。

亚瑟王与吉尼维尔

苦难救赎

亚瑟王与吉尼维尔王后，以及王后爱上亚瑟王最好的朋友兰斯洛特的故事，是所有讲述背叛所带来的痛苦的故事中最为著名的一个。实际上也是独一无二的。因为这段三角关系中，没有人试图互相毁灭，而是通过正直、对友谊的忠诚和对深厚而真挚的爱之本质的认可来寻求和解与内心的平和。

在与撒克逊人进行了长达数年的战争并最终战胜了敌人之后，亚瑟王对梅林说："我也许是时候该娶一个妻子了。"梅林问亚瑟王他是否已经有了合适的人选。看上去他确实已经选定了妻子，那便是寥德宽王的女儿吉尼维尔。传闻公主十分美丽，他还没有见到这位公主，就已经对她燃起了爱火。

但是梅林是一个先知，他能够预测未来。他看到亚瑟王与吉尼维尔之间将会以悲剧收场。"如果我告诉你，她会给你带来灾难，你会改变主意吗？"

"不会。"亚瑟回答道。

“如果我对你说她将来会对你不忠，并爱上你最为相信的挚友……”梅林说道。

“我不相信。”亚瑟王回答道。

“你当然不会相信我。”梅林哀伤地说道，“每一个曾经活过的人都坚信，对他来说，爱能够抵消所有的概率法则。即使是我，即使我确切地知道，一个愚蠢的女孩将会把我带向死亡，可是当那个女孩经过时，我仍然会毫不犹豫地上前。所以你会娶她为妻，你不需要建议，你所需要的只是他人的赞同。”

于是，亚瑟王派他的首席圆桌骑士，同时也是他最忠诚最为信任的朋友兰斯洛特，前去将吉尼维尔接到他的宫殿来。在旅途中，梅林的预言应验了。兰斯洛特和吉尼维尔相互爱上了对方，但他们两个都不想违背曾对亚瑟王立下的誓言。

婚礼之后不久，亚瑟王便不得不外出处理国家中的一些事务。在他离开的日子里，梅里根特国王给吉尼维尔王后设了一个陷阱，把她抓回了自己的王国。没有人知道她的下落。梅里根特国王将吉尼维尔关押在一个与世隔绝的地方，唯一能够进入那座牢狱的通道是一座极为危险的吊桥，上面布满了锋利的刀剑，以至于从来没有人能够从上面通过。除了兰斯洛特以外，没有人敢去探望吉尼维尔，他找遍了城中的每一个角落，才找到了吉尼维尔的关押之地。他通过了那座桥，虽然身受重伤，却杀死了梅里根特，救回了王后。当他们回到自己的宫殿，王后觉得很对不起兰斯洛特，并亲手照料他的伤势。就在兰斯洛特养伤期间，他们在一起了。

当亚瑟王外出归来，梅林告诉他，他看到了王后与兰斯洛特在一起背叛亚瑟王的异象。其他的骑士们也对亚瑟王说他们都知道王后与兰斯洛特之间的地下恋情。但是国王没有使用暴力或强加指责，而是坚持自己的意见，因为他知道他的朋友和王后都因为他们的爱而遭受了极大的痛苦。因为他爱他们，他实在不忍心让他们接受公众的审判，所以他选择等待，这三个人都是因为另两个人的爱而备受煎熬。

但是其他的骑士却因王后与兰斯洛特给亚瑟王带来的耻辱而非常愤怒，与此同时，他们也找到了一个可以将亚瑟王最好的朋友从他的身边挖走，借此削弱其实力的机会。于是他们密谋将王后与兰斯洛特同时抓获，以便向国王证明他们的背叛，并公开王后的恶行。骑士中有一位叫莫德雷德，他是亚瑟王的私生子，一直想要夺取王位。

那晚，他们埋伏在宫殿里，只等着在王后与兰斯洛特幽会时将其一举抓获。兰斯洛特奋力杀出重围后逃脱，吉尼维尔则被带到亚瑟王面前，虽然亚瑟王很想要原谅她，但在骑士们的声讨下，迫于国王的威严，只好无可奈何地将吉尼维尔处以火刑。然而，对王后一往情深的兰斯洛特与战友强袭了刑场，硬生生劫走了吉尼维尔，将她带到一座名叫“欢乐园”的城堡中保护起来。那是一场惨烈的战役，许多骑士都在那场战役中被兰斯洛特杀死了。

此时，亚瑟王已经不能再宽恕他们了，他下令出兵攻打欢乐园。但是兰斯洛特却拒绝出战，因为他无法与自己最好的朋友刀剑相向。之后亚瑟王与兰斯洛特在一起说，他们都记得曾对彼此立下的要一生忠于对方的誓言。兰斯洛特发誓他能够放弃对王后的爱，于是亚瑟王与兰斯洛特重修旧好。

亚瑟王带回了吉尼维尔，但是其他的骑士却无法理解这种宽恕行为。他们要求复仇，于是兰斯洛特不得不与骑士们展开决斗，否则便将被视为懦夫。然而更大的战争还在后面。在战场上，亚瑟王与兰斯洛特再次相遇，他们都激动万分，但谁都无力改变曾经发生过的一切，虽然他们两个早已能够和平相处。

在经过长久的战争之后，双方都已疲惫不堪，于是只能休战。亚瑟王将王后带回宫殿，并恢复了兰斯洛特在圆桌骑士中的席位。本想篡夺王位的莫德雷德见计划即将落空，便密谋再次挑起事端，反对亚瑟王。在这次战役中，亚瑟王身受重伤，最终无力回天。虽然兰斯洛特为亚瑟王而战，最后杀死了莫德雷德，却仍然无法弥补他内心的愧疚感。于是他对王后说，他必须结束这段恋情，便进了一个修道院，整日忏悔自己的过错。而王后也同样内心饱受负罪感的煎熬，她也无法面对同时失去两个所爱之人的打击，于是住进了修道院，每日向神忏悔。

多年以后，兰斯洛特在某天晚上的梦中，被人告知速去看望吉尼维尔王后。当他急忙赶到了王后所在的修道院，才知道王后已经在半个小时前故去了。从此，兰斯洛特戒掉了酒肉，身体日渐虚弱，直至最后伤心死去。兰斯洛特和吉尼维尔被安置在同一个棺材里，被带到兰斯洛特的城堡里，所有幸存的骑士都来向他们致敬，因为他们已经赎罪了，现在大家都知道了他们对对方和亚瑟王的伟大的爱，所以这三人都在死亡中得到赦免。

评论：　　亚瑟王、吉尼维尔和兰斯洛特之间的三角恋情虽然最终还是以悲剧收场，却闪耀着人性的光辉。它描绘了我们所有人都有的潜力，但不幸的是，这种潜力在现实生活中很少得到实现。这段三角恋情并不像很多人那样，是基于自我放纵，单纯的性吸引、无聊或逃避承诺的尝试。相反，它植根于各方的深爱中，它教导我们，爱并非总是排他性的，我们可能会以不同的方式深深地爱上不同的人。这在当今社会中似乎很难被理解，因为我们一直被教导要专一地只爱一个人，且那些深陷三角恋情当中的人理应遭到批判和诅咒。但是亚瑟王和吉尼维尔的故事却告诉我们，事情并不永远都是这样的，有时生活就是这样不公平，人心同样如此。

尽管受到了伤害，亚瑟王却拒绝对背叛他的两个人施以惩处，由此彰显了他的宽仁之心和强大的自制力。不幸的是，他的骑士们却没能获得这些品质。他们像多数人一样，高声说出他们所理解不了的事情。而这些骑士本身也存有私心，因此他们根本无法理解亚瑟王这样做的真正意义。普遍观点是，如果在现代社会里出现了一个亚瑟王这样的人，那么他会被视为“懦夫”，缺乏男子气概去惩治奸夫淫妇。然而亚瑟王却完全不同，他对兰斯洛特伟大友谊的忠诚以及对自己妻子的爱情的忠诚，都促使他忠于自己的内心，从而拒绝向他们二人施以报复。比起睚眦必报，宽宏大量是一种更有男子气概的行为。

故事中的每一个人都没有从中享受到传统意义上的浪漫欢愉。但或许使人们得以生活幸福的更为重要的一点在于这三个人之间的绝对忠诚，其实源自他们对彼此灵魂深深的爱。如果吉尼维尔与兰斯洛特之间不是出于对彼此灵魂的爱慕，那么他们很容易会被其他的东西所诱惑；如果亚瑟王不是因为对妻子及朋友灵魂的爱，那么他早就听取其他骑士的建议，对二人施以报复了。通常，简单的欲望，或者惩罚伴侣的秘密欲望，都披上了狂热激情的外衣。但是，当我们面对这三个神话人物被迫做出的选择时，这种欲望的本质就会被揭示出来。通常这种事情不会降临到我们的头上，我们确实是幸运的；如果它发生在我们身上了，那么三个人都会陷入痛苦。如果我们不得不面对这样的选择，我们最好想一想亚瑟王与吉尼维尔之间的故事，因为这个故事告诉我们，在背叛面前，我们方能看清我们真正的内心所想。

第三章

婚姻

有很多神话故事都描写了婚姻，但往往是不幸福的婚姻。也许具有讽刺意味的是，人们普遍引用的幸福婚姻的故事其实从未出现在神话之中。神话从心理学角度为我们揭示为什么事情会是这样的，而不是我们希望事情是什么样的。它们对于婚姻的描绘通常都带有典型的高潮与低潮，人们情绪的冲突以及维持两性关系所面临的一些困难和挑战。这些故事都为我们提供了两个人如何相互结合彼此依靠的智慧，但我们无法毫不费力地就找到所谓永久幸福的秘诀。在现实生活中，幸福的婚姻是两个人共同努力、相互付出的产物，也许有时候还得带上一些运气。

格尔达和弗雷

求爱的重要性

北欧神话中的弗雷对格尔达的求爱故事，是对爱情中坚贞不渝的回报和求爱仪式在确保一段关系发展成幸福婚姻中的重要性的一种证明。虽然我们可能不需要使用咒语，但我们还是可以从弗雷的决心和激情中吸取教训——或者说，他的挚友史基尔尼尔做了所有真正的工作，追求被选中的新娘；因为如果没有努力和坚韧，长久而令人满足的关系是不可能从天而降的。

弗雷的妻子，就和他的母亲一样，属于巨人族。弗雷对她可谓是一见钟情。有一天，他坐在奥丁的王座之上，通过观察地球上发生的事情而自娱自乐。在巨人的王国里，他看到一位无与伦比的美丽少女从她父亲的家里走来。她那白皙的手臂使整个天空和大海都变得明亮起来，她的名字叫格尔达。弗雷的心瞬间便被俘获了，但他很快就陷入了深深的忧郁，因为他不知道如何赢得她的芳心。当他的父母看到他身上发生的变化时，他们派人去找弗雷的朋友和仆人史基尔尼尔，让他去找出他们儿子不快乐的秘密。

史基尔尼尔很快就找出了弗雷不快乐的根源，并主动提出要帮助他的朋友追求这位年轻的少女。他请弗雷借给他一把能主动出击的著名的宝剑和一匹能穿过火焰的马。史基尔尼尔骑了一整夜，才到达巨人之地。格尔达父亲家门口的狗在狂吠，整座房子都被炽热的火焰所包围，但史基尔尼尔却没有退却。他骑马穿过火焰，最终来到门前。

格尔达来到窗前，是狗的狂吠声引起了她的注意。史基尔尼尔将弗雷求爱的口信转达给了格尔达。与此同时，他送给格尔达十一枚金苹果以及曾属于奥丁大神的具有魔力的指环，但是格尔达完全不为所动。然后史基尔尼尔挥舞着那把著名的剑，这把剑从空中飞来，看起来好像要杀死格尔达和她的父亲，但是格尔达一点儿都不害怕，仍然无动于衷。最后史基尔尼尔只好施用魔法：他用手杖划出鲁纳文字的咒语，说如果格尔达不答应弗雷的求婚，就将永远孤独终老，或者只能嫁一个又老又丑的霜巨人。这终于使美丽的格尔达恐惧了，于是她答应了弗雷的求婚。史基尔尼尔坚持说道，通过这些符文，他将确保她过着一种远离男人的生活，在世界的另一端，在冰冷的深处，她会像蓟一样干枯。

现在格尔达是真的害怕了。没有什么是比孤独终老更可怕的了，弗雷看起来是个不错的选择。为示和解，她请史基尔尼尔喝了一杯蜂蜜酒。史基尔尼尔催促她和弗雷立即约会，因为弗雷急不可耐地想要娶他的新娘。格尔达拒绝了这一要求，她答应在九个夜晚之后，到她命名的神圣树林中和弗雷相会。

弗雷此时正焦急地等待着回音。当史基尔尼尔为他带回格尔达的答复的时候，他觉得自己又重新找回了快乐。唯独这九个晚上的时间使他度日如年。“就算一夜都太过漫长了！”他对史基尔尼尔说，“可两夜要怎么过！我要如何能够忍得了三夜？九夜以后我还能否残存于世？”

但他确实熬过了那九个夜晚，尽管他抱怨连连，几乎要将史基尔尼尔和父母逼疯。最后，格尔达嫁给了弗雷，一起过着富庶且平静的生活。

评论：　　与其他多数与求爱和婚姻相关的故事不同，

这则北欧神话有一个完美的结局。但欢乐的结局来源于求爱本身，这本来对于我们来说就是不那么常见的。格尔达只有在感到恐惧的时候才答应嫁给弗雷，而对于格尔达来说，只有孤独才是她所最为恐惧的。当史基尔尼尔用此威胁她时，她才同意这桩婚事。这就告诉我们，在与其他的人维持关系时，有一股控制力量在起作用，就是孤独，因为我们都害怕孤独、也因孤独而痛苦。也许这种威胁之所以能够奏效，其实是因为格尔达能够诚实地面对自己。我们通常不愿意承认我们之所以寻求伴侣其实是因为害怕孤独，而且与独自成长相比，我们更愿意有一个人在自己身边，与自己并肩而战。我们更希望遇到自己生命中那个对的人，或是灵魂伴侣。在当前的社会环境中，单身和自由生活的快乐带来了许多好处。能够自力更生，不需要依靠别人的帮助，也是很重要的一件事情，因为仅以恐惧为基础、缺乏相互尊重和沟通的关系往往无法长久。与那些表面上说自己喜欢享受单身生活，但实际上是不愿意面临亲密关系中的挑战和牺牲的人们相比，格尔达可能更为诚实，同时在婚姻中也就会更加成功。

弗雷并没有自己前去求爱，这在我们看来也是很奇怪的。但是史基尔尼尔，作为弗雷的朋友和仆人，其实就是弗雷的另一面的体现，在很多神话故事中都有此类形象，替身会去完成最艰苦的一部分工作。在这个故事中，史基尔尼尔身为一个仆人，没有弗雷身份尊贵，也不自恃矜贵，因此前去求爱不大可能会失败。史基尔尼尔本身还是沟通的一种体现，他拥有恰当的工具、武器、坐骑以及得体的语言。在这则故事中，他尝试用了许多种不同的方法。他聪颖、创意非凡、善于交流，能打动他人，这就是这篇故事想告诉我们的道理。此外，史基尔尼尔是一个坚持不懈的人，即便在格尔达百般坚持的时候他也没有放弃。他的主人弗雷可能会闷闷不乐，伤心不已，但是史基尔尼尔的情绪却完全没有受到影响，所以他才能坚持不懈地完成任务。因此，他不仅仅是良好沟通能力的体现，更是一种超然品质的体现。他没有什么骄傲可言，所以也就不会觉得丢脸或是受伤。我们在求爱或是在一段亲密关系中也需要这样的超然心境。

具有魔力的武器、金苹果和美丽的指环对于格尔达来说都没有任何效用，而恰恰是她自己内心对于孤独的恐惧使她答应了弗雷的求婚。史基尔尼尔只有在最初的威胁和贿赂全都失败时才意识到这一点。弗雷和格尔达的故事也许可以启示我们，当我们在求爱的过程中，只向对方展示自己的力量和天赋的时候，我们很可能会失败。最后，从我们自身的感受和理解出发，找到并说出对方内心真正的恐惧，才能使我们真正打开对方的心门，开启一段亲密的关系。

奈妮薇的转变

怜悯释放爱的力量

我们已经在梅林的故事中认识了奈妮薇。在之前的故事中，她年轻、冷酷无情且自私自利，她一手设计了梅林法师的毁灭，为的只是向他索取力量。在这则故事中，她从时间、经历以及苦痛中学会了智慧和慈悲，明白了何谓同情，此后才找到了自己真正的归属，获得了最终的幸福和满足。

在冒险森林里，奈妮薇焦躁不安地旅行着。从那时起，她作为一个没有耐心而又雄心勃勃的女孩，夺走了梅林的秘密和生命，那时的她醉心于权力与名望，丝毫没有察觉到自己为此所需要付出的代价。但是从她困住梅林的那时起，她自己的心也被她的魔力所困住了。因为她的法力，她能做到许多常人所做不到的事，可正因如此，她也就变为无助的奴隶。她能治病，这使她被病痛者所奴役；她能让人一夜暴富，这使她被困在不幸者身边；她掌握他人的秘密，所以被掩于外表之下的邪恶所吞噬，这使她不断地与自己身边世界里的贪婪和野心作战。此外，她还意识到，当她用自己的能力去帮助那些弱小而无助的人的时候，他们却不能给她以任何回馈，因为他们没办法将她视作朋友。奈妮薇发现自己孤零零的，虽然被赞扬，却感觉很凄凉，她常常怀念过去的时光，那时人人和谐友爱、善良互助。因为没有什么能像一个只能付出的人那样孤独，也没有什么能像那些只会接受和憎恨债务负担的人那样愤怒。她很少在同一个地方长时间驻足，因为人们对她所能提供的帮助感到高兴，而这恰恰使她总是变得不安。

当她路过一片森林，她遇到了一位年轻的乡绅正在哭泣。当被问起的时候，他说他的主人被自己深爱的妻子所背叛。现在，他的心已经碎了，只想一心求死。

“带我去见你的主人。”奈妮薇说，“他不该为了一个不值得爱的女人而死。如果那个女人在爱中如此残忍，那么对其最好的惩罚便是使她得到爱之后再将爱夺走。”

于是乡绅护送她到了他主人佩利亚斯爵士的床边。佩利亚斯面颊光洁，眉毛发热。奈妮薇认为她从来没有见过这么漂亮英俊的男人。

她说：“为什么善良会让自己输给邪恶呢？”她用冰

冷的手抚平了佩利亚斯跳动的前额。她为他唱歌，她那富有魔力的声音使他回归平静，陷入沉睡。之后她找到了那位背叛爵士的夫人埃塔德，并将她带到了佩利亚斯的床边。

“你怎么能杀了这样一个男人？”奈妮薇问道，因为她一直无法原谅自己当初杀死了梅林。“难道你就不能做一个仁慈的人吗？我会将你带给别人的痛苦还给你。现在你受了我的咒语，便将开始爱这个男人。你要将他视作这世间你最爱的人。你是那么爱他，直至为他而死。”

埃塔德受了咒语之后开始重复道：“我爱他。上帝啊！我爱他！我怎么能爱上我以前如此鄙视的人呢？”

“这不过是你过去不愿意向别人付出的东西罢了，现在你将看到它的另一面。”奈妮薇说道。

奈妮薇在熟睡的爵士耳边低语了很久，然后唤醒了他。当佩利亚斯看到埃塔德的那一刻，他的心里充满了憎恶，当埃塔德满怀爱意地将手伸向他的时候，他厌恶地向后退缩。“走开！”他高喊道，“我不想看见你！你是如此冷漠无情。滚开！我再也不想看见你！”埃塔德随即瘫倒在地上开始哭泣。

“现在你终于和他一样尝到了这样的痛苦滋味。”奈妮薇说道。

“我爱他！”埃塔德哭喊道。

“你会一直爱他。”奈妮薇说道，“并且你到死都得不到你心中所爱。你只会凄凉地死去，孤独地落入尘埃。这就是你的命运，准备接受你悲惨的命运吧！”

奈妮薇转身对佩利亚斯说：“振作起来，重新开始新的生活。有一天你会找到真爱，而你的真爱也会找到你。”

“我已经用光了所有的力气，再也无法爱上别人了，”爵士哀伤地说，“一切都结束了。”

“不要这样说，”奈妮薇说道，“握住我的手，我会帮你找到真爱。”

“你会一直留在我身边，直到我找到那个人为止吗？”他问道。

“会的，”奈妮薇答道，“我发誓我会留在你的身边，直到你找到真爱。”

从那时起，他们幸福地生活在一起，共度余生。

评论：　　关于奈妮薇的转变，其实人们有很多的见解。这些见解让我们知道了如何去爱，如何去建立一段持久的关系。此外，它还告诉我们，我们必须忍受自己行为的内在后果，而这种深刻的正义，虽然在外界生活中并不常见，却可能会使我们从一个冷酷无情、以自我为中心的人转变为能够理解和同情他人的人。奈妮薇首先发现，权力和地位从来都不是不计代价的，而这代价往往是与我们的同胞间的相互隔绝。无论我们的力量来自财富、知识、世俗地位、特殊的艺术或治愈他人的天赋，还是超凡的美貌或性魅力，如果我们认定了自己的特殊，我们就得忍受孤独。我们也不能指望为别人付出就能得到爱，因为——奈妮薇为此付出了代价才明白——义务不等同于爱。

奈妮薇还发现，伤害他人后留下的悔恨不会被遗忘，也难以通过善行来赎罪。当我们因冷酷无情或渴望权力而伤害同伴时，我们就知道自己做了什么；我们必须一辈子都带着这种愧疚感生活。普通的罪恶感通常是一种无用的机制，因为它往往只是对我们的罪责的思想上的认可，并不是真正的感觉。但是，当我们充分认识到我们给他人带来了痛苦时，就会产生更深层次的悔恨。悔恨可以改变我们。奈妮薇对梅林所做的一切是无法挽回的，而且随着年龄的增长和孤独的经历，她把这些感觉记在心里，这使她变得谦卑。

奈妮薇想要帮助佩利亚斯爵士，不是因为她自己，而是因为她看到，他的夫人埃塔德对他所做的，正是自己曾经对梅林所做的。她发现佩利亚斯是一个好人，并且有一个和年轻时的自己很相像的女人冷酷无情地伤害了他。奈妮薇对埃塔德的愤怒其实是对自己的愤怒，她表面上是在惩罚埃塔德，实际上是在惩罚自己。她心里清楚这个英俊的爵士应该去爱更好的人，而不是一个和自己从前一样的冷酷无情的女人。当佩利亚斯声称自己已经没有能力再爱上别人的时候，奈妮薇对他的怜悯之心促使她留下来帮助他找到真爱，可她却没有意识到，她自己才是他的真爱。奈妮薇代表佩利亚斯采取行动的时候完全没有私利，因此，与她以前做过的任何事情都不同，她想纠正错误的欲望源自她的悔恨，以及她对那些真正爱自己的人表现出的冷漠的痛苦认识。人类已经写了很多试图理解持久爱情的本质和婚姻成功的秘密的书。这则故事并不能回答婚姻生活中所遇到的所有问题，却清楚地阐释了在一段感情中爱与自觉以及谦逊与激情之间的神秘关系。它还揭示了“行善”作为一种获取权力和缓解孤独的手段与为他人提供服务之间的区别，因为这是一种对出于自我理解而产生的转变的反映。

阿尔刻提斯与阿德墨托斯

爱一个人胜过爱自己

希腊的阿尔刻提斯愿意献出自己的生命来拯救她丈夫的生命，这一故事已经成为我们婚姻中最崇高的自我牺牲的形象。人类常常沉溺于看似自我牺牲的事情，但这实际上是确保他人忠诚的秘密手段。正如在婚姻中，以自我牺牲交换伴侣的真心相待。这个神话故事让我们看到了把他人置于自己之上的一种爱，这并非是为了索取什么回报，而是心甘情愿的付出。

阿尔刻提斯是珀利阿斯国王最漂亮的一个女儿，有很多国王和王子前来求婚。国王不想因为拒绝任何一个人而使自己陷入险境，但很显然，他又只能满足一个人的愿望。于是他昭示天下，说如果有人把一头野熊和一头狮子拴在自己的马车前，让它们套在一起赶到赛场上拉车，那他就把阿尔刻提斯许配给这个人。当塞萨利国王阿德墨托斯听到了这个消息，他便立即召来太阳神阿波罗，因为天王宙斯命令阿波罗来这里当一年的牧羊人。

“我是否待你如神灵应该有的待遇？”阿德墨托斯问太阳神。

“的确如此，”阿波罗答道，“我也向您表达了感激之情，让您国度里所有的母羊都生了双胎。”

“那么请你最后帮我一次，”阿德墨托斯说，“你帮我赢得阿尔刻提斯，让我能够完成珀利阿斯国王提出的条件。”

“愿意效劳。”阿波罗答道。阿德墨托斯立即赶着马车去了比赛场，他的马车前面拴着的正是一头凶猛的狮子和一头野熊。

一切本来都很顺利。可是，在婚礼上，阿德墨托斯因为太过高兴，竟然忘了依照习俗向月亮女神阿耳忒弥斯进贡。阿耳忒弥斯开始惩罚他。当天晚上，阿德墨托斯酒喝得太多了，抱着满怀的鲜花进入新娘的房间，结果被吓得倒退一步。婚床上等着他的不是美丽的新娘，而是盘成一大团咝咝作响的蛇。阿德墨托斯惊叫着跑去找阿波罗，阿波罗好心替这位好朋友向阿耳忒弥斯求情，立即补上了献给这位女神的祭品。阿波罗甚至得到了阿耳忒弥斯的许诺，说等阿德墨托斯亡故的那一天，如果他家里有人愿意以命相抵，她还可以饶他不死。

尽管这一切从一开始就是由复仇女神安排好的，可没想到这一天还是比阿德墨托斯料想的来得更早。一天早晨，神的信使赫尔墨斯来到了阿德墨托斯的宫殿，召唤他去冥界。全国上下都惊呆了。但是，阿波罗为阿德墨托斯争取到一点时间，他将三个复仇女神灌醉，这就使割断阿德墨托斯生命线的时间往后推迟了一些。阿德墨托斯赶紧跑去看望年迈的父母，跪在他们面前，一个一个地劝说，希望他们其中的一个能够把余下的日子换给他自己。但是他们全都拒绝了，说他们两个都活得很好、很幸福，说他应该跟所有人一样愉快地接受死神的判决。

之后，出于对阿德墨托斯的爱，阿尔刻提斯自己喝了毒药，她的灵魂游荡到了冥界，这就完成了阿波罗和阿耳忒弥斯之间达成的协议，可以让阿德墨托斯活得更久。但是，冥界的王后珀耳塞福涅认为，除了自己的妻子以外，天下没有任何一个人愿意做出这样的牺牲，因此，这是件不道德的事情。她也是一个女人，因此能够理解阿尔刻提斯的伟大的爱，决定奖赏于她。她把阿尔刻提斯送回人间，丈夫和妻子两个人得以长久幸福地生活在一起。

评论：　　从表面上看，这个动人的神话所要传达的意思是非常明显的：一个女人因为爱而牺牲自己的生命以挽救自己心爱的人，没有比这更伟大的爱了。但是，这个神话故事里还隐藏着其他的主题，它说的不仅仅是婚姻的本质，也许还有生命本身的秘密。从一开始，这场婚姻就与神灵有关，其实这些神灵与故事里发生的很多事情都有关系。阿波罗是一位伟大的神灵，权力很大，但他却做了阿德墨托斯的仆人和朋友，每当国王有需求，他便义无反顾地施以援手。这个神灵是什么人？他在故事里又象征着什么呢？他是太阳神，是光明的形象——这是精神的光芒，也是思想意识的光芒。阿德墨托斯是一个意识和精神上都有活力的人，因此他才会接受阿尔刻提斯的父亲向所有求婚者发出的挑战。把狮子和野熊套在一起拉车，这是控制本能的象征，也是把生猛野蛮的力量向文明引导的象征。换句话说，阿德墨托斯努力控制住了自己的本能，并与他自己的内心世界达成了和谐。简而言之，他站在生命和光明的一面。正是这个原因，他才幸运地抱得美人归。

阿德墨托斯第一次犯的错误得到了原谅，那就是他怠慢了月亮女神阿耳忒弥斯。阿耳忒弥斯是与野生世界相关的一位神，她是生猛天性的象征，因此，阿德墨托斯的自控和意识使她愤怒。但是，阿波罗把这个问题解决了，因此，阿德墨托斯就得到了长寿的保证，但前提条件是必须有人爱他到愿意在冥界顶替他的位置的程度。之后，阿波罗把复仇女神灌醉，从而为阿德墨托斯争取了时间，这是希腊神话里一个独特的形象，因为哪怕是神灵也必须服从于复仇女神。也许这个故事所要告诉我们的是，自觉性和心灵的责任为我们提供了解放自我的可能性，这使我们不再受由复仇女神所象征的盲目冲动的束缚。或许甚至是死亡——至少是心理学层面上的死亡——都能通过这种内在的意识而暂时推后。

阿德墨托斯请求他上了年纪的父母奉献自己的生命来救他的命。他们的回答完全超乎我们的想象：他们断然拒绝了他的请求。假如我们认真看待这个神话故事给予我们的启示，我们会发现，父母对孩子的爱，还有孩子对父母的爱，有时候是相当不稳定的。在家庭里面，爱时常就是一种植根于彼此的需要、相互的依靠和对于分离的担忧的人际联系，而不是源自彼此尊重和情感上大度的真正的爱。为此，当我们最需要家人评价我们的个性时，结果可能会让我们更加灰心丧气。只有阿尔刻提斯愿意为阿德墨托斯牺牲，她认为阿德墨托斯对于她来说具有很高的价值，因此她才能如此义无反顾。虽然我们也许永远都不会有面临做出此种选择的机会，也并不需要为我们所爱的人做出如此彻底的牺牲，但在我们的感情中，时常还是会有这样的时候，当我们确认另外一个人的价值时，我们可能会把这个人放在第一位，而不去考虑这对我们自己会造成何等的后果。这样一种牺牲并非期望自己将来能够得到什么回报，也不是要以责任心束缚住另外一个人。它自发地源自内心与灵魂的秘密角落，所有能为对方做的，就只有奉献。

因为这种纯粹的慷慨行为，冥界的王后珀耳塞福涅才没有让阿尔刻提斯真的死掉，她把阿尔刻提斯送回人间，让她回到了原本生存的国度。珀耳塞福涅是生命中神秘的隐秘尺度的象征，她还是自然循环和时间的象征，而这些都披上了一层纱幔，是我们的理性意识难以看到的。她并不代表社会的判断，她反映的是更深层次的自然法则，她所解决的是心理层面的事情。我们也许可以把她看作这样一些法则的象征，无意识的心灵自身就是依据这些法则来行事的。阿尔刻提斯之所以得到了回报，是因为她从来没有渴求回报。她得到了幸福，是因为她并不是为了得到幸福而去牺牲的。她活着的时候爱别人，也得到了别人的爱，是因为她把付出爱放在得到爱之前。我们不能指望任何一个人能够时时刻刻都敞开心扉，那是不现实的想法。但是，当我们超越个人的动机和目标，把别人看得很重要，有一刻甚至能够忘记我们自己的需要和愿望的时候，我们也许便会隐约看见阿尔刻提斯得到的那种回报。无论这样的时刻是多么短暂，都会是能够使生活产生全新意义的时刻，能够带来有治疗伤痛效果的经历。不经历这些，我们就无法指望婚姻能够稳定。

奥德修斯与珀涅罗珀

坚信对方

奥德修斯与珀涅罗珀的婚姻，在特洛伊战争的传奇故事中只是极小的一个部分，但它是相当出色的神话故事。它描述了婚姻中可能存在着的忠诚与信念，哪怕出现会使两个人十分烦恼的考验与诱惑。

奥德修斯与珀涅罗珀是伊萨卡岛的统治者，他们唯一的儿子忒勒玛科斯出世以后，他们非常开心。奥德修斯接到召唤，要他前往特洛伊参战，但他很是犹豫。他不想离开他挚爱的妻子和刚刚降生的儿子，去参加一场预计会十分漫长而又残酷的战争，于是他开始装疯。督军阿伽门农和帕拉墨得斯就赶往这个多石头的岛国，想请奥德修斯前去参加战斗。结果发现，奥德修斯把一头驴和一头牛拴在一起犁田，还把盐撒在田地里。机智的奥德修斯希望以此打消他们二人的念头，使他们相信他已经疯得无法参战了。但帕拉墨得斯也是一个老谋深算的人，他抱起奥德修斯的儿子忒勒玛科斯，把他放在耕犁所要经过的犁沟里。奥德修斯马上赶去抢下孩子，敏捷的动作证明他完全没有疯。这样，奥德修斯只好随船队赶往特洛伊。

残酷血腥的特洛伊战争持续了整整十年。战争结束之后，奥德修斯终于可以回家了，可在归途中却遇到了更多的艰难险阻。他无意中得罪了海神波塞冬，这位海洋之神掀起无数的风暴，要使他的船队偏离航向。无数的考验和诱惑接踵而至，瑟茜女巫的魔法、漂亮的海上仙女卡吕普索和瑙西卡公主都来引诱他，让他回家的道路步履维艰。但是在他心里，妻子和儿子一直都是最重要的，虽然他又在外漂荡了十年，但终于还是回到了家。

这期间，珀涅罗珀一直在等待，希望她亲爱的丈夫会找到回家的路，最终与自己和儿子重逢。奥德修斯不在身边的时候，无数的求婚者赶到伊萨卡岛，纠缠珀涅罗珀。其实他们都觊觎这个岛国。当时，珀涅罗珀还很漂亮，她必须找到很好的办法让求婚者赶紧离开（据说求婚者共达一百一十二人之多），因此便说，等织完了给公公的寿衣后，她就会选择其中的一个求婚者。她白天拼命编织，工作很长的时间，但到了晚上，她又悄悄把织好的部分拆掉。如此一来，她的任务就永远也完不成。虽然很难相信奥德修斯能够安全返家，因为毕竟二十年已经过去了，但是，珀涅罗珀还是保持着内心的信念与忠诚。最后，奥德修斯终于回到了家乡，从此一家人过着幸福的生活。

评论：　　奥德修斯与珀涅罗珀的故事显示的是一种能够经受住时间、诱惑与长久分离考验的关系。但是，这仅仅是因为两个人对彼此都信心十足，他们都拒绝放弃与对方共同的理想。两个人都经受住了严峻的考验，两个人也都曾犯过错误。在这个神话的某些版本中，奥德修斯和珀涅罗珀都曾陷入另一段爱情中，而这也许是可以理解的，毕竟两个人彼此分开有二十年之久。但是，他们的爱、对彼此和儿子的关心将他们完全牢固地结合在一起，并帮助他们各自度过了最为艰难的岁月。在荷马史诗《奥德赛》中，每当在归家途中遇到要与那些女人一同生活的诱惑时，奥德修斯都会努力让自己的思绪回到珀涅罗珀与儿子那里。那些女人虽然成功地勾引了他，却不能真正触及他的心灵，因为这颗心早已经给了他的妻儿。

两千多年以来，珀涅罗珀织衣的形象一直在激发众多读者的想象。那是一件寿衣，白天织了晚上又拆掉。作为维持她的忠诚的一个象征，为其拒绝了众多可能治愈她孤独心情的伴侣，这意味着什么呢？寿衣反映的是死亡主题，那就是爱的死亡，忘记过去，结束过去的一切纠葛和联系。虽然整体看起来，她一直都是自己在进行编织工作，但是，当夜深人静的时候，她会拆掉它，这其实意味着她在拒绝抛弃那些曾与丈夫共同分享的爱情、回忆和曾有的过往。

编织也是生命力的典型形象，一块布需要许多种不同的素材，还需要经验、情感与事件的加成。我们每个人都有自己独特的故事，我们从出生起就开始编织这块布，不予停歇，直至生命尽头。珀涅罗珀拒绝承认过往生活的织布已经完成了，她不回首过去，也不看向未来，她只活在当下，此时此刻，忠实于自己的直觉与情感，拒绝受人欺侮，不肯放弃希望，同时又拒绝成为毫无结果的幻想的牺牲品。事实上，她此时此刻生活得完满而且真实，而拿织寿衣作为借口只是她保护自己，以免得罪那些求婚者的方法而已。她照常过自己的日子，一直忠实于自己的内心，无论别人坚持认为什么东西是现实的。这种能力也许就是这段神话故事中的婚姻能够持久下去的真正关键所在。对于奥德修斯来说，想到妻儿能够使他坚守自己最深层的价值观与欲望；对于珀涅罗珀来说，保持镇定与当下的平静，拒绝对自己说“爱已经结束”。这就是我们必须要花很长时间才能磨炼出来，也很难寻求到的能力。爱的本质就是对抗时间、距离和物质上的影响，如同杰出的艺术与神秘发现的时刻一样，爱也许是唯一能让我们这些凡人得以体验并看到所谓永恒的东西。如果我们能够找到它，哪怕只是在亲密关系的框架内很短暂地体验一下，那我们也许就发现了不朽的惊人秘密之一。

有趣的是，我们还可以猜想，也许正是距离才使得这两个神话人物彼此保持住了忠诚。如果奥德修斯与珀涅罗珀两个人在伊萨卡岛上一起生活了二十年，他们的爱情能够抵御这长达二十年的日常生活琐事吗？或者我们也可以猜想，其实他们是由于彼此见不着面，而产生渴望，因此他们在彼此心中一直都处于一种理想的状态。这会不会也有助于他们这个浪漫故事的延续呢？在《先知》一书里，纪伯伦（1883—1931）就婚姻这个话题有过如下表述：

> 当你们朝夕相处时，给彼此留一点儿空间……
> 你们并肩而立，但不能彼此太近。
> 神殿的柱子是分开立着的，
> 橡树与柏树也不能在彼此的树荫里生长。

第四部分

社会地位与力量

在这个世界里找到自己的立足之地是一个挑战，有些人觉得这样的挑战惊险有趣，而另外一些人畏缩不前。成功与失败总是如影随形，在对人类同胞报以同情、怜悯之时，我们便很难再去义无反顾地追求自己的利益。然而金钱、地位以及力量不仅是“世界上存在的”东西，它们也具有深刻的象征意义，反映了我们最深层的价值观。神话中有许多关于野心和贪婪、权力和失败、对他人负责任和不负责任的故事，它们揭示了我们对金钱最基本的态度，通常还象征或取代了我们的自我价值和对爱的渴望的方式。神话故事也可以教我们如何发现一个人在世界上的正确位置，以及从事什么职业。它们可以让我们深刻地了解到我们在社会中的互动方式。我们对什么是“正确”和“错误”有很多集体的假设。但神话有时会让我们感到惊讶，因为它们能清楚地揭示我们的长处和短处、我们的真实和虚伪、我们错误的价值体系、我们对世俗动机的理解上的匮乏，以及我们对那些地位尊贵之人（或是地位低下之人）所秉持的矛盾心态。

第一章

寻找天职

“天职”一词来源于拉丁语词根，意思是“叫作……”，它反映了一种内在的使命感或在世界上必须完成的有意义的任务。虽然天职不一定涉及公认的职业或财富的积累，但它需要与内心保持一致，才能让我们感觉到我们在生活中真正找到了自己的位置。它也需要外在表现，以此让我们感觉到我们已经达成了某个目标。对一些人来说，天职可能包括攀登到一个专业的顶峰；对另一些人来说，它可能涉及安静但同样专注的行为，即养育一个孩子，或打理一个花园。然而，我们常常困惑于如何找到我们的天职，如果找到了，又如何使之具体化。天职可以来自内心的感召，也可以从外部需求中演化而来，驱使我们走上一条我们后来才发现的道路。神话给我们提供了这两个方面的例子，以及我们在行走世间的过程中应该做什么和不应该做什么。

光之神鲁格

永不放弃

凯尔特神话中的关于太阳神鲁格进入达努之子的殿堂的故事是一个令人愉快的例子，旨在告诉我们，如果要找到我们在世界上的正确位置，坚持不懈究竟有多重要。

一天，在塔拉举行了一场盛大的集会，达努女神的子民们都习惯于在那里相聚。努阿达国王正在举行宴会庆祝他的王位回归。正当宴会达到高潮的时候，一个身着王袍的陌生人推开了宫殿的大门。守门人问他的身份和来此的目的。

“我是鲁格，”陌生人回答道，“我是迪安彻的孙子，萨安的儿子；我的祖母是巴罗尔，母亲是埃瑟妮。”

“好吧，好吧，”守门人不耐烦地回答道，“但是我没有问你的家谱，我是问你是来做什么的。因为这儿只有各个领域里大师级的人物才能进来。”

“我是一个木匠。”鲁格回答道。

“我们不需要木匠。我们已经有了一个很好的木匠，他的名字叫鲁西塔涅。”守门人说道。

“我还是个出色的铁匠。”鲁格说。

“我们也不需要铁匠。我们的铁匠很出色，他的名字叫哥布纽。”

“我还是一个职业的武士。”鲁格接着说。

“也不需要，奥格玛就是我们的冠军。”守门人回答道。

“我是一个竖琴师。”鲁格说道。

“竖琴师我们也已经有了。”

“我是一位以技术纯熟而不是仅仅以力量而闻名的战士！”鲁格说道。

“我们已经有这样的人了。”守门人回答道。

“我还是一个诗人和讲故事的人。”鲁格说道。

“我们也不需要这样的人，我们有最伟大的诗人和讲故事的人。”守门人答道。

“那么我还是个巫师。”鲁格说。

“不需要。我们有数不清的巫师。”守门人说。

“我是一名医生。”鲁格说。

“迪安彻就是我们的医生。”

“我是一个司酒官。”鲁格说。

“我们已经有九名司酒官了。”守门人说。

“我是一名铜匠！”鲁格说。

“我们真的不需要你。我们已经有一名铜匠了，他叫克里德努斯。”守门人说道。

“那么请你去问问国王，”鲁格说，“他身边有没有一个人，精通以上所有的技能？如果有的话，那么我就确实是不需要来到塔拉了。”

于是守门人进去禀告国王，外面来了一个叫“全能的鲁格”的人，意思是“精通所有的技艺”，并且他声称自己无所不知。国王派出他最优秀的棋手出来与这个陌生人对弈。鲁格获胜了，结果多出了一个新的下法——鲁格的围场。随即国王将鲁格请进大殿。鲁格进去后，直接坐在了给最聪明的智者准备的“圣贤之位”上。

冠军奥格玛正在炫耀自己的实力，他正在推一块大到需要八头牛才能移动的石板。这块石板虽然巨大，但只是从更大的岩石上敲出来的一小块。鲁格将石板抬起，放回到原有的位置。之后国王要求他演奏竖琴，鲁格演奏了《摇篮曲》，国王和周围的所有人都沉沉睡去，直到第二天的这个时候才相继醒来。接下来鲁格演奏了一首哀伤的乐曲，所有人都为之哭泣；紧接着他又演奏了一首欢快的曲子，所有人都跟着欢欣雀跃起来。

当国王看到这些惊人的天赋，他意识到一个人能够集合所有能力于一身，那么他一定能够帮助他的人民抵御外敌。于是他征求其他人的意见，决定将王位让给鲁格十三天。于是鲁格成为达努一族战场上的指挥官。

评论：　　“精通所有的技艺”，可能对所有人来说都是一个梦寐以求的理想状态，但通常在我们申请工作的时候，并不需要这么完美。鲁格的故事却提醒我们，如果我们想要在现在这个飞速变化的世界中占有一席之地，那么我们的确需要让自己具备各种各样的技能。“只在某一个方面富有专长便可以了”，这种想法只适用于几十年前。当时的人才市场与今天完全不同，且那时信息时代还没有到来。现今社会正飞速发展，也许我们确实需要让自己变成鲁格一样的全能选手，方能应对社会上的残酷竞争。

同时，鲁格还是一个坚持不懈的人，这一品质在我们实现愿望的过程中非常重要。在他起初被拒绝的时候，他既没有放弃，也没有表现出愤怒或狂妄自大；他只是单纯地一个接一个地反驳着那些拒绝。他的自信心源自他自身的知识储备，以及在很多方面都受到过的训练。简单地说，他能够说服每个人都相信他的价值，包括国王，因为他相信自己。这样的信念基于某种高瞻远瞩式的自满心态，但也建立在艰苦实践的经验之上。这是一个最贴近现实的神话故事，它生动地描述了我们需要如何在外面的世界武装自己，以及我们需要如何向那些我们寻求帮助的人展示自己。人们几乎可以听到国王在权衡雇用一个能够胜任六人工作的人的成本效益。鲁格是一位与时俱进的神，对市场力量有着很充分的认识。在追求天职方面还有许多更深入的问题，我们将通过其他的神话来探讨，但鲁格的故事可以告诉我们，我们的旅程必须从脚踏实地开始。

两兄弟的故事

如何使家族得以繁荣？

这个来自东非的故事可以教会我们不言而喻的知识，如果我们要在这个世界上找到我们想要的东西，就必须遵守这些法则。一个兄弟错了，另一个却是对的——不是因为他更聪明或者更强壮，而是因为他回应了沿途遇到的人的需要。

从前有一个人，他有两个儿子，大儿子名叫姆库纳雷，小儿子名叫卡尼扬加。他们穷到连一头牛都没有。后来姆库纳雷说他要去往基博，那是乞力马扎罗山上的一座主峰，因为他听说那里是被一位对穷人甚为慷慨的国王所统治的。因此，他希望完成他的使命，以此拯救他的家人。

姆库纳雷带上了家里所有能给他带走的东西，出发去往山顶。不一会儿，他便在路边遇到了一个老妇人，她的眼睛疼得厉害，几乎要失明。姆库纳雷向她问好。

“你为什么来这儿？”老妇人回应道。

“我来找一位住在山顶的国王。”姆库纳雷回答道。

“把我的眼睛舔干净,”老妇人说,“之后我便告诉你怎么能找到他。”

但是姆库纳雷非常不愿意舔她的眼睛，于是他继续上路了。再往前走，他来到了小人国，看见一群人坐在国王的养牛场里，这些人很小，像小男孩一样，姆库纳雷甚至误以为他们是孩子。

“你们好！”他喊道，“我要怎样才能找到你们的爸爸和哥哥呢？”

小人们回答道:“你就待在这儿等他们来吧。”

姆库纳雷等到黄昏也不见有人来。夜幕降临之前，小人们把牛赶到院子里，宰杀了一头牛当作晚饭，却没有给姆库纳雷任何肉。他们说，他必须等到他们的父亲和哥哥们到来。疲惫、饥饿，而又失望，姆库纳雷于是折返下山，再次遇见路边的那个老妇人。但无论他怎样祈求劝说，她都不告诉他究竟发生了什么。在返程途中，他在无人居住的乡间迷了路，以至于一个月都没能回家。最终他无功而返，他告诉家里人，基博山顶的确有很多的牛，可是他们却不会把牛分给陌生人。

之后，弟弟卡尼扬加决定再去一次山顶，帮助家人摆脱贫穷。没过多久，他也遇到了那个坐在路边的老妇人。他向她问好，她问他来这儿干什么。于是他告诉老妇人他来想办法帮家人摆脱贫困。

“把我的眼睛舔干净，”老妇人说，“之后我便告诉你怎么能找到他。”

卡尼扬加很可怜那位老妇人，于是帮她舔干净了眼睛。

“一直往上爬，”老妇人告诉卡尼扬加，“之后你便会见到国王的仓库。你会看到那儿的人都像小男孩儿一样，但别就此认定他们就是小孩子。把他们当作国王的议会成员一般尊敬，并恭敬地向他们问好。”

再往前走，卡尼扬加到了科宁国王的仓库，并恭敬地向那些小人问好。他们带他去见了国王，国王听了他的请求之后，命人给他食物，并安排了一个房间让他就寝。作为报答，卡尼扬加教授科宁王国的人们如何利用咒语和药物来使庄稼免受病虫害的侵扰，还告诉他们如何靠念咒语来设置路障，以抵御外敌。那些小人们很高兴能学到这么多新的方法。他们每个人都送给卡尼扬加一只动物作为回报。当他下山回家时，他一边赶着牲口群，一边唱着歌。他就这样使家业兴旺起来，他的亲人们也是如此。但人们写了一首关于他哥哥姆库纳雷的歌，传唱至今：

哦！姆库纳雷，在这儿等到父亲们来。
你有什么权利鄙视这些小人物？

评论：　　正如很多人一样，姆库纳雷知道他想要什么。他想帮助他的家人和亲戚改善生活，因此他需要得到那些位高权重者的帮助。此外，像很多人一样，他太过专注于实现自己的目标，以至于没有注意到自己身边究竟发生了什么，也没有对沿途遇到的比他还要不幸的人抱以同情之心。因为那个老妇人让他很不高兴，所以他在科宁国的时候就没能仔细观察那些小人究竟是大人还是小孩儿，他未得到帮助，最终无功而返。在生活中，我们也可能太过专注于自己想要的东西，以至于没能意识到眼前所面临的问题，进而可能因为当下的失败全盘皆输。

姆库纳雷遇到的那个老妇人其实就代表着人们生活中遇到的不幸，但她传递了一些很重要的信息，没有这些信息姆库纳雷就无法实现自己的目标。我们可以将她解读为一个境况不如我们的人的形象，通过痛苦的经历获得了我们所需要的智慧。或者我们也可以将她视为生活中痛苦与不公的一面，如果要清楚地认识世界，我们必须直面这一切。像这个老妇人一样的形象在神话故事中很常见。有时他们以贫穷、病态或是在寻求帮助的老人的形象出现，有时则化身为需要帮助的动物。当他们出现后，他们总是用一些重要的知识或手段来回报那些给予他们帮助的人，以确保后者能在未来取得成功。我们所有人都可能在生活中遇到类似的情况，然而，我们往往没有认识到我们所面临的问题的重要性，也无法表现出必要的同情。

姆库纳雷所犯下的第二个错误，不可避免地源于他的第一个错误，就是他不尊重那些小人物，因为他认为他们是孩子。因为他们不是姆库纳雷想象中的议员的样子，所以他便看低他们。无独有偶，我们可能也会以貌取人并对其不敬，可是我们没有意识到，实际上正是他们掌握着能让我们目标达成的关键。就算那些小人真的是小孩子，也拥有独立的人格，也需要被尊重；如果他们聪明到能够管理好那些牲口，他们就值得姆库纳雷以礼相待。可他却对他们不屑一顾，因此他们也让他为自己的无礼付出了代价。结果他没有从这一系列事件当中学到任何东西，回来后反而告诉每个人，科宁人十分小气，不能和他分享任何东西。对别人的这种消极和愤世嫉俗的看法，往往不是因为别人的卑劣，而是因为我们自己的愚蠢。

与哥哥不同的是，卡尼扬加既不冷酷无情，也不被肤浅蒙蔽。他同情那个老妇人，给她所需要的帮助。如果说他也会觉得恶心的话，那么他的同情心显然更胜一筹。帮老妇人舔干净她近乎失明的眼睛，其实就代表着在别人痛苦的时候对其施以援手。因此，卡尼扬加得到了警示，没有慢待那些小人。但他做得更多，他加倍回报科宁人所给予他的，将自己生平所知悉数教授给科宁人。他这么做完全是出于真心，而非为了得到回报，所以他才能成功地带回那些财富。

法厄同与太阳战车

走得太远太快

这个悲伤的希腊神话揭示了年轻人在追寻人生之路时怀有的渴望和遇到的困难；它发出了一个严厉的警告，不要试图走得太快。或许更重要的是，它还告诉我们，试图模仿受人尊敬的父母并不总是帮助我们寻找到自己天职的明智方法。

太阳神阿波罗的宫殿，由闪亮的柱子支撑着，矗立在天上，闪闪发光。有一天，阿波罗与一个凡世女人所生的孩子法厄同来到了这里。法厄同看到他的生父坐在一个巨大的王座上，身边都是他的随从：日、月、年、世纪、四季以及一边优雅地来回移动一边演奏着优美音乐的缪斯女神。阿波罗惊奇地注意到那个美丽的年轻人站在那里，默默地望着四周的繁荣之景。

“你怎么来了，我的孩子？”阿波罗问道。

“在人间，人们全都嘲笑我，还一直讽刺我的母亲克莱门。”法厄同回答道，“他们说我只是假装自己是天神的后代，而实际上，我只是一个普通的不知名的人的儿子。所以我必须来向你乞求一些信物，以此向全世界证明我的父亲确实是太阳神阿波罗。”

阿波罗起身温柔地拥抱自己的儿子。“我永远不会在世人面前不承认你。”阿波罗对眼前的年轻人说，“但如果你需要我的承诺，我可以向冥河发誓，无论你提出什么样的愿望，都会得到满足。”

“那么就请让我最为疯狂的梦想成为现实吧！”法厄同说道，“请让我操纵太阳的战车吧！只要一天就够！”

恐惧和悲伤瞬间笼罩了太阳神明亮的脸庞。“你诱使我说出轻率的话。要是我能收回我的诺言就好了！因为你向我要求做一些你力所不及的事。你年轻，你是凡人，你所渴望的只属于一小部分神灵，而且只有我被允许去做你如此渴望尝试的事情。我的战车必须走一条陡峭的路，连马都很难攀登上去，即使在黎明时分也是如此。路的中央位于天顶，当我站在这么高的高度时，我自己常常会因战车的直立而感到害怕。当我低头俯视我脚下的大地时，我就会觉得晕眩。最后一段路会急转直下，需要一只坚定的手稳稳地抓住缰绳。即使我答应把战车交给你，你怎么能控制得住它呢？不要坚持我对你说的话，趁着还有时间，换一个愿望吧。天上人间还有很多令人神往的事，但不要再要求做这件危险的事！”

但是法厄同一再哀求，而毕竟阿波罗已经许下了他神圣的诺言。于是他拉着儿子的手，把他带到太阳战车前。轮毂的杆、轴和轮辋都是金子做的，辐条是银色的，轭上镶着闪耀的宝石。当法厄同目瞪口呆地站在那里时，天已破晓，东方微曦初露。阿波罗命令时间把马拴好，他用一种神奇的药膏把儿子的脸保护起来，使他能经受住火焰的灼热。

“来，孩子，挥动刺棒，抓紧缰绳，马会自己跑的。”他说道，“你要做的是减慢它们的飞行速度，使战车远离南极和北极。不要跑得太慢，以免大地上着起火来；也不要跑得太高，以免点着了天国。”

然而年轻人根本听不进父亲的嘱咐。他跳上战车，马儿立即冲破了清晨的迷雾，飞速狂奔。但很快它们就感觉到身上的束缚比平常要松很多，太阳战车在空中颠簸摇晃，像是一辆空车。后来马儿觉察到今天的情况异常，它们离开了平日的轨道，任性地狂奔起来。法厄同被颠上颠下，感到一阵颤抖，顿时没了章法，不知道朝哪一边拉动缰绳，也找不到原来的道路，更没有办法控制狂奔的马儿。当他向下张望，一望无际的大地展现在眼前，他被吓得两腿不停地打战。他想喝令马儿让它们停下来，却又不知道它们的名字。惊慌之下便不由自主地松掉了手中的缰绳。马儿掠过云彩，云彩便被瞬间点着，化成了水汽。马儿冲向其他的恒星，大地立即变得寒冷，河流结成了冰。

紧接着，马儿开始向下俯冲，冲向大地。顿时植物干枯，森林起火。整个世界都被火光笼罩，热浪滚滚，法厄同自己也感到灼热难当，备受煎熬。他感觉自己完全被燃烧的泥土散发出的烟尘和灰烬折磨着。他周围冒出黑得像沥青一样的烟。紧接着他的头发也着火了。他从战车上跌落下来，如同一颗流星般从空中极速坠落，直至最后跌进了大海的怀抱。

他的父亲阿波罗，目睹了这一惨状，蒙头痛哭。据说，这一天整个世界都没有光亮，人们只能看到极远的地方的一点点亮光。

评论：法厄同和许多精力旺盛却又鲁莽大意的年轻人一样，都想成为举足轻重的大人物。他因旁人的嘲笑而备受打击，他们说他根本不是所谓光芒万丈的太阳神的儿子，而只是一介无名凡人的儿子。我们有多少次听到年轻人吹嘘自己的父母是谁，希望借助父辈的地位和名声去炫耀自己，而不是靠自己的实力说话。同样，我们也会听到那些在物质生活上没有取得什么成就的人的子女，他们为自己卑微的出身感到羞愧，吹嘘自己想象中的身世，以赢得周围人的钦佩。法厄同既不是恶毒，也不是愚蠢，但他还不够成熟，没能花时间朝着有一天能够凭借自己的努力和能力获得成功和他人认可的方向去奋斗。他在寻找自己在这世界上的立足之地，探寻自己真正的天职或使命；但他缺乏耐心，迫不及待地想在清楚自己的能力和极限之前就获得回报。

在这个故事中，阿波罗是一位慈爱的父亲，他想尽自己所能帮助这个年轻人站稳脚跟。所以他轻率地对年轻人许诺，说会满足他的一切要求。也许这也是为了弥补他曾经对孩子的疏忽。这个神话中的情况，相当于在儿子拿到驾驶执照之前就把保时捷借给他开，或是在他充分证明自己的知识或技能之前就让他成为家族企业的合伙人。许多父亲都会因为经常不能与家人团聚而深感愧疚，于是当看到自己的孩子受到伤害的时候，便会极力为孩子提供过多的，甚至是超出孩子掌控能力的物质奖励。当法厄同说他想驾驭太阳战车时，颇具远见的阿波罗很快便看到了事情会变得多糟糕。他警告过法厄同，说他的能力不足以完成这样的挑战。事实上，任何凡人都无法完成这个任务，但他不能违背他神圣的诺言。他必须为自己的错误付出高昂的代价，这一方面是因为爱，一方面是为了减轻罪恶感。法厄同和许多希腊神话中的人物一样自大。作为一个凡人，他不愿承认自身的局限性，而只想变成神。我们也渴望成为一个伟大而著名的人，或是想成为一个富有而强大的人，无视我们的局限，并且顽固地拒绝冷静、现实地思考我们擅长什么和我们可能不适合做什么。无论是在青年时期还是在中年阶段，当我们想办法改变人生轨迹、转向更切实可行的新方向时，寻找天职的挑战便在很多层面上对我们施以考验。

在这些考验中，最重要的一项就是认识到我们的天赋在哪里，并且在我们没能达标的时候保持谦卑的态度。有些人没有远大的志向，因此没能开发出自己真正的潜力；有些人是因为没有安全感，或是环境过于恶劣，或是荒废业务，所以无法提高自己的真正实力；而另外一些人，如法厄同一样，想要模仿别人，因为他们希望自己也能散发出光芒，被认为是特别的，然而，他们可能不具备达成目标所必需的特殊的综合素质。如果他们不能清楚地明白这一点，就可能会遭受极大的痛苦和屈辱。

我们被那些显赫的名人的生活所诱惑，我们被那些毫无意义的不会给我们后代留下任何值得记住的东西的平庸生活所吓倒。想要在这个世界上创建一项大功业的冲动，很大程度上源于一种深深的无意识，认识到生命是短暂的，我们必须抓住机会，因为机不可失，时不再来。法厄同的白日梦其实是完全可以理解的，因为在现代世界中，越来越多的人感到无聊且毫无意义。然而，即使我们所有人都面临着“无意义”所带来的威胁，我们也需要勇敢而谦卑地认识到，如果缺乏训练、技能或对自己真才实学的清醒认识，那么过高的雄心便会招致危险。法厄同的毁灭被看作一种由虚浮的梦想所产生的金融灾难的形象，或者是一种天职受辱的形象，因为他的目标超出了个人的才能。这个神话告诉我们，从某种意义上说，太阳战车是我们无法企及的。在人生的舞台上，我们都有望成为也有资格成为一个忠于自我的人。

第二章

贪婪和野心

贪婪，无论是为了生理上的快乐还是为了财富，都是人类本性的基本属性，而成为第一和最好的欲望也是如此。虽然相信这些东西可以通过意识形态原则或道德立法而消失的想法是天真的，但我们可以控制自己的贪念，使它不会伤害他人。我们可以用道德来约束野心，这样就能在充分利用我们的天赋的同时，使周围的人受益。不幸的是，这并不像听起来的那么容易，神话中充满了那些被盲目的贪婪所驱使、被不受控制的野心所吞噬的例子，以至于那些人不仅伤害了别人，同时也摧毁了自己。随之而来的神话涉及了贪婪和野心的许多方面，使我们了解这些原始而强大的人类需求的不同侧面。

阿拉喀涅

有天分亦需要谦卑

天赋既是令人羡慕的，也是充满风险的，因为它带来了一定的责任和挑战。我们要尽己所能地施展自己的天赋，也要秉持着身为普通人的谦卑。希腊神话中阿拉喀涅和她傲慢的故事生动地说明，不受谦逊控制的天赋未必总能带来成功，事实上，它可能招致敌意，甚至可能招致他人的报复。

阿拉喀涅是如此幸运，她在织布方面天赋异禀。她是如此聪明，以至于不仅普通乡下人蜂拥来看她的作品，来自山间与河流的仙女们也惊讶于她所织出的美妙作品。事实上，人们对她的称颂如此之盛，以至于传到了艺术女神雅典娜的耳朵里，许多人说，阿拉喀涅拥有了雅典娜的所有才华和天赋。阿拉喀涅教人类编织，所有拥有这种技能的人都应该把他们的天赋归功于雅典娜。

但这伤害了阿拉喀涅的自尊心，她轻蔑地摇了摇头。“雅典娜？事实上，除了我自己之外，没有人能胜任我的技能，而且无论是在天上还是在地上，都没有一个我不敢与之比试的人。如果雅典娜愿意，尽可以让她来挑战我！”

她的朋友们听到她这样说话，都吓得不寒而栗。这时，一位老妇人从人群中走出来。“亲爱的，注意你的言行。岁月和经历总会带给人智慧。听我的劝告，你便能得到女神的力量，因为她会将恩典赐予尊敬她的人。没有人的作品能够好到无须任何改进了。”

“愚蠢的老女人！如果我需要你的意见我会说的！”阿拉喀涅气愤地回答道，“如果雅典娜想要一争高下，让她尽管来！”

“我来了！”一个盛气凌人的声音突然响起。而就在刚刚那个老妇人站着的地方，此时正站着光芒万丈的雅典娜本人。“让我们来一决高下吧！”

起初，阿拉喀涅很是慌乱，但她很快便恢复了镇定，勇敢地接受了挑战。两台织布机安装完毕，比赛就此开始。

雅典娜所选择的设计，是将众神排列在了雅典卫城上。众神之王宙斯、手持三叉戟的海神波塞冬以及雅典娜自己，她正在召唤橄榄树，将它作为最好的礼物送给人类。关于这一中心的场景，愚蠢的凡人陷入混乱，叛逆的巨人变成了群山，作为对她傲慢的对手的暗示，喋喋不休的女孩变成了尖叫的鸟儿。在这四周以橄榄叶作装饰。

阿拉喀涅选择在她的手工作品中嘲弄众神，挑出众神自取自辱的故事：宙斯施以诡计向凡人求爱，阿波罗谦卑地在人间充当牧羊人，狄俄尼索斯在酒后恶作剧，所有这些都被一片美丽的常春藤和鲜花包围着。但这些大不敬的场景竟被如此真实生动地织就出来，以至于人们似乎能够触手可及一样。她的天赋确实令人无可厚非，就连雅典娜看到之后也无从否认。雅典娜愤怒地指向阿拉喀涅，说道："永远旋转纺织吧，但可以肯定的是，你的作品虽然精致和美丽，只会引起人类的恐惧和厌恶，无论你的挂毯多么复杂和迷人，它们只会被扫走！"

阿拉喀涅惊恐地意识到，她的人形、四肢和身体都在萎缩。不到一分钟，她就变成了地球上的第一只蜘蛛，注定要永远不被欣赏地编织。

评论：　和许多神话故事一样，这个故事的意思很明显——越界会带来不幸，因为没有人会如此聪明、智慧、有才华或有技巧到能够免于灾难。谚语有云，“骄兵必败”，这则故事说的正是这个道理。

正如许多有天分的人一样，阿拉喀涅开始相信她的才能会使她变得如此特别，什么都不能与她相媲美。而且，的确，她的才华使她变得如此特别，因为她确实赢得了与雅典娜的比赛。然而，以此吹嘘则使她注定要永远编织蜘蛛网，仿佛在嘲笑她那招致雅典娜嫉妒的编织技巧。事实证明，故意引起众神的妒忌是极其不明智的。

在日常生活中我们经常能够看到，各种艺术家，无论是画家、音乐家、歌手还是演员，都会表现得异常骄傲自大，以至于他们相信没有人比他们更好。我们经常会听到某个才华横溢的演员或是出色的模特表现得越来越糟糕，以至于导演或摄影师都不愿与他们合作。他们可能确实身怀绝技、形象出众，但在某种程度上，他们性格中不那么讨喜的一面可能会掩盖他们的才能。

波利克拉特斯的戒指

神明面前的傲慢

希腊人用“hubris”一词来形容傲慢和不知深浅的性格。对他们来说，狂妄自大固然引起了众神的愤怒，但这种惩罚终究是由他们自己在不知不觉中造成的。波利克拉特斯的故事清楚地说明了狂妄自大，再加上普通人的贪婪，不可避免地导致了堕落。

波利克拉特斯，萨摩斯岛的暴君，几乎是这世界上最幸运的人。他统治着一个富饶的岛屿，这是他从两个兄弟那里强行夺取的。他的两个兄弟，一个被杀，一个被流放，他很快便成为萨摩斯岛上唯一的统治者。几乎每一天，他都能收到他的舰队胜利的消息，而船上则载满了财富和奴隶。他是如此富有和强大，以至于他希望成为整个爱奥尼亚的领主。

起初，埃及法老亚美西斯王曾对波利克拉特斯表示过友好。于是，在取得了这些丰功伟绩之后，波利克拉特斯提出要与亚美西斯结成盟友。但是亚美西斯却有别的考虑，于是他给波利克拉特斯递去了消息。

“一个人有多少幸运，就会有多少需要担忧的事。没有人能在不树敌的情况下获得你这样的力量，即使神也会嫉妒一个太过成功的人，好事坏事交替是凡人的共同命运。没有听过哪个没有任何忧虑的人，到最后还能善始善终的。听我一句劝，挑选出你最珍贵的宝藏，把它作为祭品进献给神，这样他们才不会对你不利。”

波利克拉特斯收到消息之后，思考良久，最后决定听从亚美西斯的建议。他挑选了一枚非常珍贵的翡翠戒指，这是他最不想失去的珍宝之一。他带着这枚戒指乘坐一艘豪华的大船出海了。他在大臣和侍卫面前将戒指丢进了大海，深信这将会为他换取神明的庇佑。

然而，还没等回到家，波利克拉特斯就开始为失去戒指而感到遗憾，许多天以来，他都为自己那么轻率地就把它扔掉而懊恼不已。一个星期以后，一个穷苦的渔夫来到波利克拉特斯的宫殿前，带来了一条巨大的鱼，想将它作为礼物进献给萨摩斯的国王。当仆人们切开鱼腹，他们看到一枚祖母绿戒指，它与之前被他们的国王进献给神明的那枚一模一样。

波利克拉特斯十分高兴，并由此断定这一定是神明答应了会永远保佑他，给他好运。他高兴地写信给亚美西斯，告诉他自己已经按照他的建议，向神明进献了宝物，但是神明却将宝物还回来了。令他惊讶的是，亚美西斯派来信使，宣布同盟破裂，因为他相信这一定会给他的国度带来厄运。

可是这位暴君，以他的骄傲，不愿接受任何警告。相反，他追求的是权力和财富，他志得意满，认为自己是无敌的。最后，波利克拉特斯从波斯国王奥罗提斯那里得到消息，国王提议结盟，并向他提供了一笔巨大的财富，以换取他的援助。贪婪的波利克拉特斯无法抗拒这个机会，于是他派了一个仆人前去拜访奥罗提斯，查看他送给自己的财宝。奥罗提斯给波利克拉特斯的仆人看的八个箱子里，实际上都装满了石头，但每个箱子的上层都是金子和珠宝。仆人给波利克拉特斯带回了天大的好消息，于是这个暴君决定立即出发前往波斯。

然而，神谕和预兆表明此次旅程不吉。波利克拉特斯的女儿梦见他升到半空中，被上天以雷雨洗礼，被太阳炙烤得冒油。波利克拉特斯将这个梦作为获得某种伟大荣誉和崇高地位的预兆，于是他无视所有的警告，直接驶向波斯。当奥罗提斯王抓住波利克拉特斯之后，命令立即将他钉在十字架上。因此，那个以为自己什么也不怕的人，就真的日日被上天以雷雨洗礼，被太阳晒得冒油。

评论： 波利克拉特斯的命运完全是由他自己造成的，这在现代生活中可能会上演无数次。商人和政治领导人有多少次因为他们不知道什么时候该停下来而越界，进而招致灾难？只因他们不明白什么叫作适可而止。这个问题可能会影响到我们每一个人，尤其是那些已经实现目标却还是按捺不住野心，想要寻求更大成就的人。成功最容易让人滋生傲慢的心理，除非我们能够确认，生活是由某种特定的法则所操控的。而最终，生活会使我们明白，自己终究是一介凡人，无法摆脱凡人所具有的局限性。

波利克拉特斯最大的问题不在于贪得无厌，也不在于野心勃勃，因为这两种性格是几乎所有人的通病。他最大的问题在于对神没有敬畏之心。所谓对神抱有敬畏之心，并不是说我们必须成为狂热而正统的教徒，执着于封闭自己的天性，甚至是超越自身的极限。但我们需要对生活以及他人保持敬畏，且要诚实、正面地看待自己总是想要战胜他人的冲动，因为这样的冲动经常会下意识地涌上心头，哪怕很多时候这种冲动并无恶意。亚美西斯劝告波利克拉特斯，要他将最珍贵的财富进献给神灵。此时，这位埃及王想要表达的其实是一个深刻的人生道理以及人的精神实质。如果我们对世俗成就的价值观表示认同，那就等同于放弃了内在的自我价值；如果我们能够舍弃这样的认同，我们的灵魂便能得到自由；即便原本幸运的境况变得不幸，我们仍能看清自己究竟是谁。在1929年的那场股市大崩盘中，许多人爬上高楼，结束了自己的生命，因为他们觉得，一旦失去了财富，那他们的生命也就变得毫无意义。这既反映出人们对于好运的外在意义的全面认同，也反映出他们的内心其实缺乏一个更深层次的价值观。

波利克拉特斯之所以会进献出自己的珍宝，其实是他担心神明会发怒，而不是他从内心对神抱有敬畏之心。

他选择了一枚珍贵的戒指，可我们在齐格弗里德的故事里已经知道，这戒指必须是由他心甘情愿、毫无条件地奉献出来，否则即便是有所牺牲也是毫无意义。波利克拉特斯刚刚进献完珍宝，便已开始后悔，因此神明退回了他的祭品便一点儿都不令人觉得惊奇了。如果从心理学层面来理解神明的做法，我们就会明白这其实反映了促进人性发展的更深层次的直觉和模式。我们并不愿意敬畏更深层次的自我，因此就一定会在无意识中为自己种下苦果。

波利克拉特斯所展现出的傲慢，就是对他自己的盲目自信——他竟认为他能掌握和神明一样的权力。这种心理上的自我膨胀即便是在日常生活中的琐碎小事上，也会蒙蔽我们的双眼，使我们看不到别人发出的信号，而且会破坏我们正确判断局势的能力。如果我们自负到深信自己无所不能，且有权利轻贱他人，那么我们必然看不到其实别人也会愤怒，也会联合起来为我们设置各种障碍，到那时我们便会四面楚歌。如果事态继续发展，周围的人甚至会聚在一起密谋如何搞垮我们，或者在我们即将跌落悬崖的时候置若罔闻，拒施援手。如果到那时我们还没有从中汲取教训，仍然狂妄自大，我们会继续抱怨上天对自己不公，责怪他人待自己不善，可我们却不会得到任何同情。人们都说，权力会使人腐化，绝对的权力会导致绝对的腐化。一开始我们或许都希望做个好人，可一旦被权力所诱惑，我们便会沉醉其中，再也听不进他人的逆耳忠言。此时我们便会犯下大错。这个故事为世界上所有正在寻求成功但还没有学会诚实对待自我以及谦逊对待他人的人，传达了一个清晰而明确的信息，以确保他们不会失去所获得的一切。

弥达斯王

只靠财富并不能给人带来快乐

希腊神话中关于弥达斯王的故事讲述了一个深刻的道理——过犹不及。然而与许多现代的例子不同的是，主人公虽然极其贪婪，但最终还是得到了补偿，因为弥达斯王在众神的帮助下，成功地吸取了教训。

弥达斯是马其顿王国一位爱好享乐的国王。在他还是个婴儿的时候，人们观察到一队蚂蚁在他的摇篮边搬运麦粒，当他睡着时，蚂蚁便把麦粒放在他的嘴唇之间——占卜师们认为这是他将获得巨额财富的预兆。

事实也的确如此。虽然弥达斯比大多数人都富有，但是，就像许多有钱人一样，他还是一心想要拥有更多的财富。有一天，弥达斯偶然间得到一个机会可以为天神服务。他在玫瑰园里发现了酒神狄俄尼索斯的导师——半兽人西勒诺斯，他喝醉了，倒在玫瑰园里不省人事。弥达斯非但没有责备他，反而悉心地照顾了他五天五夜，并对他醉酒的故事津津乐道。西勒诺斯醒后，弥达斯将他安全地送回了狄俄尼索斯处。酒神得知是他在西勒诺斯醉酒后给予慷慨悉心的帮助，感到非常高兴，并答应可以给他任何他想要的东西作为报酬。

弥达斯对此没有丝毫犹豫。“愿神保佑，所有我碰到的东西都能立刻变成金子！”

“就这样吧！”酒神笑着回答道，可他笑的样子令弥达斯很不高兴。弥达斯急忙离开了，迫不及待地想试一试神所赋予他的能力。

在返回宫殿的路上，弥达斯从树上扯下一根树枝，树枝立即变成了闪闪发光的黄金。他兴高采烈地捡起了鹅卵石，鹅卵石也变成了金块儿。他满心欢喜，翩翩起舞走进宫殿，摸着柱子和柱子，刹那间，所有的柱子都变成了金子。他心满意足地看着所有被他碰到的家具都变成了黄金。

兴奋劳累了一整天，他终于感到又饿又累了。他叫人端来食物，于是仆人给他端来了一个洗手盆，请他洗过手之后再开始用膳。可是当他碰到水的一刹那，水立刻变成了金块儿。这时弥达斯感到了一阵心慌意乱。他想起了狄俄尼索斯那意味深长的一笑，不禁一颤。当他坐下来吃饭时，他的喜悦很快变成了绝望，每一口美味的食物都变成了无法下咽的闪亮的金子。

饥饿和干渴折磨着他，他从宴会的嘲笑声中站起来，生平第一次，嫉妒一个正在饱餐的在厨房工作的穷苦男孩。国王不再因他日益增长的财富而感到愉悦，相反，他一见到金子就开始感到恶心。当他的小女儿冲过来牵起他的手，她迅速变成一尊金色的雕像，这时弥达斯才痛苦地大哭起来。夜幕降临，当弥达斯倒进睡椅里，本来柔软的睡椅瞬间变得冰冷而坚硬。在那里，他坐立不安，浑身发抖，因为他摸到的每一条毯子都变成了一片冰冷的金片。现在，弥达斯变成了世界上最为富有却也最为可悲的人。

在黎明的第一缕曙光照进窗子的时候，弥达斯立即前去找到狄俄尼索斯，祈求他收回他赋予自己的能力。

狄俄尼索斯非常高兴。“事实证明，人们心里最迫切的愿望往往都是不明智的！”他微笑着说道。然而，他没有忘记弥达斯对西勒诺斯的好意，并叫他在托罗斯河里洗个澡。在饥饿和干渴的煎熬下，弥达斯跑到河边，在草地上留下了一条金线。他一头扎进了能够治愈他的河水里。他的头一沉到水面下，神所赋予他的致命的能力就被冲走了。令他非常高兴的是，自己又能吃喝了。时至今日，托罗斯河岸上的沙滩仍然是金色的。

评论:　　这个故事为我们传达了一个足够清楚的信息：如果生活中最基本的需求得不到满足，那么财富便是无用的。无论穷人还是富人，最终使生活变得美好的，还是日常平凡的快乐。如果缺少这些快乐，或者人们再不能体会这些快乐了，那么再多的财富也一文不值。从更深层次来说，弥达斯的致命触碰不仅仅是贪婪和积累更多财富的愿望，同时它也是人内心的一种反映，它冻结了生命中的一切鲜活和温暖，使简单的联系变得不可能。这样，许多人在积累财富的驱使下，最终冻结了他们享受简单生活和交流的能力。他们所需要的粮食和水并不是物质上的，而是一种更为微妙的营养，没有这种营养，生活就不能称之为生活。

当弥达斯碰到了他的女儿，女儿立即变成了金像。人不能买卖，尤其是那些与我们有最基本的感情纽带的人。这是一种通过高估金钱来“扼杀”人与人之间关系的现象。我们可能会在那些一心想着赚钱因而疏远家人和朋友的人身上看到弥达斯国王的影子，然后我们会思考，为什么他们会变得如此孤独。这个简单的故事生动地说明了人类认为财富可以买到幸福是多么愚蠢。充足的资源确实能使我们远离生活的沧桑，而那些由于缺乏足够资金而遭受苦难的人也清楚地知道，在缺乏金钱的情况下，对于金钱的追求是如何支配生活的。但是，在弥达斯的词典中，并不存在“足够”这个词。他不满足于做一个富有的国王，他甚至想要更多。因此，他的贪婪毒害了一切曾经给他带来快乐的东西。

狄俄尼索斯是一个让人捉摸不透的神，他很乐意给予弥达斯恩惠，可与此同时，他也对弥达斯的悲剧结果感到好笑。这位神灵是混乱和狂喜的领主，也是所有试图通过酒精、毒品、舞蹈和艺术视觉超越尘世界限的人的守护神。总之，狄俄尼索斯是一种原始的生命力量，不受道德的约束，而是象征着人类自然本性的走向。他不给弥达斯以建议，只是任凭弥达斯陷入混乱，让他从错误中吸取教训。到最后，也正是狄俄尼索斯让弥达斯在托罗斯河里洗澡，进而解救了他。当弥达斯的头浸入河水时，伪装成祝福的诅咒便会被水冲走。换句话说，弥达斯必须将自己完全浸入河水中，放弃自我的一切思想；只有这样，他才能回到他的正常生活当中去。对于困扰弥达斯的那种腐朽的贪婪，唯一的解药，便是在内心最深处彻底放弃那些骄傲和欲望。

生活中我们有多少次听到周围人说，当他们中了彩票的时候他们有多高兴？他们愿意相信，金钱和财富能解决所有的问题；然而同样地，我们也经常听到人们在中奖之后反而变得不快乐了，因为他们就此不再相信人与人之间存在纯净的爱与忠诚，因此便会失去自己的朋友。财富不会自动带来痛苦，但也不会自动带来幸福，除非人们能够在日常生活中保持一种“知足者常乐”的心态。总之，弥达斯的故事讲述的并不是所谓的财富就一定是一股邪恶力量，而是贪婪的力量足以摧毁和腐蚀我们生活中一切美好和有价值的东西。

安德瓦里的堕落

权力不能代替爱

理查德·瓦格纳的代表作——四联歌剧《尼伯龙根的指环》，便是取材于北欧神话中安德瓦里的故事，尽管在瓦格纳的歌剧里，主人公的名字叫作阿贝利西。但是无论我们是读原文还是听瓦格纳的歌剧，这都是一个有关痛苦和贪婪的故事，这个故事要教给我们的是，当受挫的感情转化为对权力的渴求时，人心就扭曲了，从而萌发出毁灭性的野心，导致灵魂的堕落。

侏儒安德瓦里拥有大量的黄金，同时他还拥有生产更多金子的能力，但是他得到这笔财富也付出了惨烈的代价，直至最后，他也无法守住这些财富。有一天，当他在河里抓鱼准备当作晚饭的时候，他看到河床上有东西在闪闪发光：是河中仙女的金子，她们觉得金子的光亮特别能给人以愉悦，很是喜欢这珍贵的金属。更吸引他的是仙女本身，她们优雅地在他周围游来游去，用轻浮的微笑和恭维的话来戏弄他。但每次他想抓住一个，她们就会灵活地躲开，搞得安德瓦里气喘吁吁，心灰意冷。她们仍然戏弄他、引诱他，同时还在他面前展示自己灵活的身体和四肢，嘲笑他扭曲的四肢和又黑又丑的脸，以此来侮辱他。他怒气冲冲，心中充满了黑暗的仇恨；但他的眼睛又一次盯着河底闪闪发光的金子。他很快地潜到水底，拿到黄金后，便开始往水面游去。仙子们大喊着叫他把金子还回去，可安德瓦里对此充耳不闻。她们叫住他，并哄骗他说如果他把财宝还给她们，她们一定让他得到自己想要的快乐。但人们的拒绝和嘲笑使安德瓦里痛苦不堪。他知道自己是如此丑陋，以至于不会有异性愿意多看他一眼。如果他想得到爱，他就只能靠金钱来买。

安德瓦里对着仙女们大喊，好让所有的神都能听到："我不想要你们中的任何一个，我也不想要爱和快乐。在众神面前，我发誓我将只爱金子，以及金子能给我带来的力量！"他的话响彻了天堂和人间的每一个角落，说完这些话，安德瓦里偷走了金子。他把金子带回了自己的住处。在那里，他用许多法术和咒语打造了一个神奇的指环，这指环不仅给了他超过所有其他侏儒的力量，也给了他创造无尽的金块的力量。

安德瓦里获得了永生的能力，却被苦痛折磨着，他把其他的侏儒变成奴隶，用成堆的金子填满他黑暗王国的洞穴。但是，在天界发生的事情还是影响到了安德瓦里。天国的君王奥丁，惹了一些麻烦，需要另寻出路，而这就需要大量的金钱才能达成。于是，他去问他那狡猾的顾问——火神洛基，洛基立刻告诉他，安德瓦里那里有足够的黄金。所有的神都知道安德瓦里做了什么，尽管到那时为止，还没有人认为他们应该干涉在人间所发生的事情。

在奥丁的许可之下，洛基秘密制订了一个计划；因为他知道安德瓦里非常狡诈，他们没那么容易拿到金子。他先到海里找到了海之女神拉恩，“众神正处于危险之中！”他上气不接下气地对拉恩说，“奥丁有危险，只有你的网才能救他！”

拉恩将她那一双冰冷苍白的眼睛瞪得老大。她对天上发生的事情不太熟悉，所以她不知道洛基是否说了真话。但是火神却锲而不舍地继续劝说道：“请借给我你那能够捕获人心的网，我可以用它去拯救众天神。”

于是，拉恩将网交给了洛基。为避免拉恩改变主意，他拿到网之后便立即离开了海底，直奔安德瓦里的住处。他沿着一条滴水的隧道，穿过迷宫般的曲折的房间，一路走下，来到了地下一个巨大的洞穴。它的屋顶由比树干还要粗的岩柱支撑着，它的屋角也是黑暗而又死气沉沉的。洛基看到一个巨大的、寂静的水池，里面装满的水似乎不知从何而来，也不知流向何处。他知道安德瓦里在水里和在地下隧道里一样自如，他也知道安德瓦里会感觉到他的到来并将自己隐藏起来。洛基把拉恩那细细的网展开，撒到水池里。他拖着它，把它拉了起来，安德瓦里在网里剧烈地扭动着身体。洛基把他从网里拽出来，一直紧紧地抓住他的脖子。

“你想要什么？”安德瓦里哀号着问道，虽然他非常明白火神此次前来的真正原因。

“我要你的金子，所有的金子，”洛基说道，“否则我会拧断你的脖子。”

安德瓦里吓得战栗了。他领着洛基走出那间有回声的屋子，沿着一条弯曲的通道进入他的锻造室。天气又热又黑，但火光下堆积如山的金块闪闪发光。

“把它们都捡起来！”洛基一边踢了踢脚边的金子一边说道。

安德瓦里一阵手忙脚乱，咒骂着、呻吟着。他把金块和小金条码成一堆，再分成成品和半成品两类。洛基看了看那堆东西，非常满意。“所有的都在这儿了吗？”火神问道。

安德瓦里什么都没说。他把金子分别装进两个旧麻袋，放在了洛基面前。

“那枚指环呢？”洛基指着安德瓦里紧紧攥住的右手说道，“我看见你把它藏起来了。”

安德瓦里摇了摇头。

“把它放进袋子里。”洛基说道。

“请让我留着它吧，”安德瓦里哀求道，“我只有这枚戒指了，请让我留着它吧。只要让我留着它，我就能造出更多的金子。”

然而洛基立即意识到，那枚指环是有魔力的，于是他走上前去，强行掰开了安德瓦里紧握着的拳头，拿到了那枚小小的形状扭曲的指环。谁知道天神们什么时候会需要更多金子呢？这指环做得好极了，洛基把它套到了自己的小指上。“一切都不是白来的，都要靠武力去获取。”洛基说道。

“没有什么是白来的。”安德瓦里说道。但是洛基却对此不予理会，他背上袋子，往门那里走去。

“你会后悔拿走了我的指环的！”安德瓦里大叫道，“我的诅咒就加在那枚指环和那些金子上！它会毁了一切拥有它的人！谁都不可能从我的财富中得到幸福！”

但洛基只是又转过身来，之后便离开安德瓦里的世界，一路回到天界，安德瓦里的咒骂一直在他的耳边回响。这时，奥丁已经等得不耐烦了。

评论：　　不幸的是，侏儒安德瓦里和许多人一样，在早期的个人生活中被拒绝或失望所折磨，在灵魂上变得矮小，并使自己完全变成了权力的奴隶。当他无法拥有爱时，安德瓦里选择了财富和奴役他的同伴，然而，他的财富并没有给他带来快乐，而且不可避免地，也被那些同样不讲道义、权势在握的人夺走了。这个故事非常黑暗，讲述了原始的丛林法则，而这在现代的商界、金融界和政界几乎时时都在上演，甚至在我们的日常生活中也可以看到，当人们对遗产（财产）分割有异议时，就开始耍一些上不得台面的小伎俩。简而言之，安德瓦里是我们内心的象征，它回应了个人的失望、愤怒和痛苦，并因此失去了对人类同胞的真实感受。

在齐格弗里德的神话中，我们已经探讨过河中仙女的黄金的象征意义。这种“天然”的黄金，躺在河床上，是一种存在于每个个体内部也存在于人类集体心灵中的自然资源的形象。黄金也是我们星球自然资源的象征。如果这些资源被“养育”到人们的意识当中，并被锻造成文明或毁灭的工具，这些资源就可能被留待开发，或被用于人类的活动中，但这些活动有些是善意的，有些却是邪恶的。安德瓦里，因为他感到自己是丑陋的、畸形的，所以他便永远放弃爱，他发誓只爱金子。作为一个神话般的形象，他的丑陋是一种品质，用仇恨和愤怒回应那些对他报以轻蔑嘲笑的仙女们。即使我们拥有如此原始的黑暗品质——毕竟，这是人性中的阴暗面——我们也不需要对它们采取行动或放弃我们的最高价值观，因为我们不能要求生活在我们想要什么的时候随时就给予我们什么。安德瓦里的灵魂是渺小的，因为在他的内心里，没有慷慨、宽容或发自肺腑的自信去忽视仙女们的戏弄。他把仙女们的戏言置于心中，并因此感到痛苦。安德瓦里的故事教育我们，不能把人类的破坏行为全都归咎于早年环境里遇到的伤害或者不幸。人性里的某种禀赋，是可以通过自己的选择——给予仇恨或是理解——来回应早年间受到的伤害的。在生活中，我们可能很多次都会面临着这样的选择，也可能会通过这些选择来塑造自己的未来。

因为安德瓦里是靠不诚实的手段拿到金子的，所以他没有得到众神的同情；当奥丁找到一个现成的黄金来源时，他毫无顾忌地抢劫了安德瓦里，因为安德瓦里自己就是一个小偷。因此说，物以类聚，人以群分，安德瓦里在不自觉间就决定了他自己的未来。我们无须寻找某种宗教的奖惩制度就能理解这种行为的内在逻辑。我们在这个世界上的行为会产生后果，最终，我们很可能会像我们自己对待别人一样遭受别人的对待。因为安德瓦里心里没有爱，所以他没有被人用爱去对待；当他奴役同伴时，火神洛基也奴役了他，并从他手中夺走了金子。

生存于世可能需要吸取一些惨痛的经验教训，这个神话便描述了其中最重要的一个。对财富和权力的强烈渴望往往是痛苦与扭曲情绪的副产品，了解到这一点，我们便能明白为什么人们会与自己的同胞脱离关系。从最深层的意义上来说，这是一种“与魔鬼的契约”，尽管在这个故事中，魔鬼就在人们心中。这方面的例子全球随处可见：制造致命武器的公司出售产品给已知的独裁者，或者通过剥削其他国家的穷人在国内创造财富。

我们也可以从这个故事中观察自己，在对待为我们工作的人的方式上，在日常交易中我们对金钱的态度上以及在某人向我们提出了一个无法拒绝的建议而一时忘记了自己理想的方式上。这种失误往往产生于对其他人的深沉而无意识的怨恨和愤怒，因为我们没有得到自认为应该得到的幸福。然而，这种行为迟早都会自食恶果。即使洛基不是来偷金子的，我们也完全能够想象安德瓦里将会如何在地下的黑暗洞穴里生活。他一定是孤苦伶仃的、寂寞的，只有他的金子陪伴着他。安德瓦里的故事告诉我们，一切罪恶的根源并不是金钱本身，而是我们用金钱来维护或补偿我们无法原谅的行为。

第三章

责任

世俗的成就不仅包括风险和回报，而且还包括内在和外在的责任。当我们寻求强有力的权位时，我们正在进入一个比仅仅赢得一个奖项或者享受我们长久以来想要的东西更深更复杂的领域。权力总是关系到我们如何对待他人，在最深刻的层面上，它将我们所信奉的理想和我们对生活的承诺联系在一起。简而言之，权力是一种服务形式。神话故事中充满了对神的描述。这告诉我们，权力也与更高的东西相联系，如果我们希望以体面的方式去运用权力，我们就需要对我们共同管理和服务的人保持谦卑、明智和尊重的态度。

弥诺斯王和公牛

正直地掌控权力

这篇著名的希腊神话生动地说明了不兑现在神面前许下的承诺，以不负责任的态度行使权力会发生什么事情。我们知道权力会导致腐败，可是腐败的本质是什么？在此，我们看到了权力更深层次的一面——它是如何影响位高权重者的。弥诺斯所做出的选择以及他所引发的后果，都揭示了保持对所服务的更高事业的忠诚是何等重要。

宙斯，众神之王，在看到美丽的公主欧罗巴后，对她觊觎良久。但是这个女孩并没有那么容易被诱惑，所以宙斯把自己变成一头纯白的公牛，驮着她到了克里特岛。在那里他玷污了她。但她是如此吸引人，以至于他一次又一次地回来看望她，对于这个善变的众神之王来说，这是极不寻常的。后来，欧罗巴给他生了三个儿子——弥诺斯、拉达曼堤斯和萨耳珀冬——他们都是被克里特国王阿斯特里奥斯收养的，他爱上了欧罗巴并娶她为妻。

当孩子们长大成人，在他们的养父阿斯特里奥斯去世后，他们不可避免地会对继承王位的问题产生争议。最年长的弥诺斯通过向海神波塞冬祈祷来解决这个问题。波塞冬承诺，他将从海上派出一头公牛，以此向全世界证明弥诺斯的王权是神圣的权力所赋予的。而弥诺斯则同意将这头公牛直接献给神，以确认他对波塞冬的忠诚，并承认他的统治权来自海洋深处的主君。因此，弥诺斯要向所有人证明，他的权力并不只属于他一个人，他必须负责任地使用它。

波塞冬遵守了他的约定，一头健壮的公牛适时地从波涛中站了起来。但是，弥诺斯，成功加冕后就背弃了他的承诺。贪婪和虚荣用温柔的手指撩拨刺激着他，他开始想办法欺骗自己曾经应许祭祀的神。他觉得这头公牛太神奇了，杀了它实在可惜，他希望把它留在自己的牛群里，用这样一只神奇的野兽繁殖，而不是把它浪费在祭坛上。所以他用他稍逊一筹的公牛作为替代品，把它献给了海神。事实证明，弥诺斯为他的错误付出了昂贵的代价。因为波塞冬为此非常愤怒，于是惩罚了弥诺斯，他使弥诺斯的妻子帕西法厄疯狂地爱上了这只来自大海的公牛。帕西法厄在工匠代达罗斯的帮助下，设法满足了自己燃烧的欲望。工匠为她建造了一头栩栩如生的木牛，让她藏在里面。公牛被愚弄了，他们交媾后所产生的结果便是弥诺陶洛斯——一个人头牛身的怪物，它只吃童男童女的人肉。为了隐藏这个可耻的怪物，弥诺斯委托代达罗斯精心设计建造了一个迷宫，将弥诺陶洛斯囚禁起来。这迷宫是如此复杂，以至于没有人能找到出路。每年弥诺斯都会从雅典送去九对童男童女，以满足弥诺陶洛斯那肮脏的欲望。一年又一年，弥诺斯王国中心的秘密在一片平静下消失了，直到雅典英雄忒修斯航行到克里特岛。在弥诺斯的女儿阿里阿德涅的帮助下，忒修斯杀死了弥诺陶洛斯，从而使克里特岛摆脱了它可怕的诅咒。弥诺斯因悲伤和内疚而疲惫不堪，最终去世。此后，忒修斯成为克里特岛和雅典的统治者。

评论：　　所有人类行为都有其后果，其中最为人瞩目的便是当权者的行为。弥诺斯国王以一个正派人的形象开始了这个故事。他不像希腊神话中的许多统治者那样，通过暴力或背叛夺取王位，他求助于神的判断，并因他的谦卑而得到奖赏。这是古代王权的象征，它一直把国王描绘成神的化身，是一种“好牧人”(good shepherd, 意指耶稣。——译者注)，他通过上帝的恩典来统治他的人民，并通过重申他的誓言来延展他的权力。虽然在现代，我们基本上忘记了旧统治者深沉的一面，然而，那些统治者（无论是通过继承还是通过选举产生的）有一些神奇之处，也许正是由于某种更深层次的权力或目的，用正当手法取得王位的统治者才能在世界上扮演这样的角色。

但弥诺斯的贪婪和虚荣心却击败了那个起初正直的他。因此，任何一个现代的人也可能开始滥用权力，因为他们渴望得到比其公平的份额更多的东西。与此同时，傲慢也可以发挥作用，因为一旦一个人有了权力，就很容易忘记最初激发自己去寻求这样一种地位的初衷，人们可能会开始相信自己比其他受自己控制支配的人更优越。历史上有许多统治者忘记了他们的权力由谁赋予，或是他们该如何行使权力而导致悲惨命运的例子。我们每天也都可以在任何公司或商业机构以及政坛上遇到这类事情。海神波塞冬一直愿意帮助弥诺斯获得王冠，只要弥诺斯公开向神致敬。但是弥诺斯和我们很多人一样，在他得到他想要的东西之后，他并不满足，他认为可以再多争取一点儿，并犯了一个致命的错误，就是把神当作傻瓜对待。自然，神被激怒了。尽管在复杂的现代世界里，我们可能不再相信神灵会主持正义，但生活迟早会以一种奇怪的方式呈现给我们行动的后果。

弥诺陶洛斯是一个野蛮的形象，它盲目、残忍又无情，这是弥诺斯王国的核心，因而也是国王自己内心的实质所在。这个怪物有力地描绘了腐败的全过程，并将人类的灵魂转化为枉称为人的东西。在一些小的方面，我们也可能因为贪婪和傲慢而失去人性，无情地践踏那些比我们弱的人。弥诺陶洛斯吃孩童们的肉，喻义是当我们的正直被权力的陶醉所侵蚀时，我们往往对所有脆弱的人，无论是在其他人还是我们自己身上，都表现出毁灭性的行为。我们可能会漠视甚至虐待我们的孩子，因为他们依仗我们生存，无法做出反抗。对于欠我们东西的人，我们也许会采取一种趾高气扬的态度，羞辱他们并洋洋自得。我们会听到，很多人本来已经做得不错，还要铤而走险，希望自己变得更富有，结果却输得精光。还有一些人抵挡不住诱惑去做一些有损名誉、不光彩或损害他人的事情，只为得到丰厚的回报，但迟早，无论是私下还是公开，他们都必须面对失败所带来的耻辱。我们未必总能在新闻中看到这种行为的后果。结果可能是不为人知的，或是秘而不宣的。但如一句老话所说，天网恢恢，疏而不漏。

弥诺斯的故事告诉我们，以正直的方式运用权力，并不仅仅是为了给别人留下深刻印象。这是一种内在的承诺，无论我们选择将什么称之为上帝，无论我们使用宗教术语或更客观的人道主义关怀语言。如果我们的承诺是真诚的，并且忠于内心的要求，我们就能更新我们的内在力量和真实性。如果我们是伪君子，只为赢得选票而承诺许多事情，我们可能会愚弄一些人，但不能愚弄自己的灵魂，我们会被自己的良心所折磨，变得不快乐。

亚瑟王和平时期的军队

当目标达成，接下来会是什么？

亚瑟王传说中的这个小故事——主要包含了亚瑟王和王后之间的对话，虽然内容与战斗几乎无关——对人性提出了深刻的评论。特别是，当我们最终实现了自己的目标，我们会发现，真正锤炼和磨砺我们个性和内心的是努力奋斗，而非骄奢淫逸。

经过多年的动荡，亚瑟王终于实现了和平。通过高贵的品质、好运和武力，他摧毁了他所有的敌人——无论是在他的领土内还是在他的领土之外——或与他的敌人达成了和解，并在整个英国确立了他的统治地位。为了达成这个目标，亚瑟王聚集了世界上最好的骑士和最坚强的战士。所有的人都享有崇高的声誉，并且为他们的国王英勇而出色地战斗着。

亚瑟王成功地通过战争实现了和平，现在却面临着在和平时期如何安置他的士兵的难题。他不能完全解散他的军队，在这个世界上，暴力可能已经消减了一段时间，却没有沉睡，随时可能被唤醒；但是，另一方面，他发现，他很难在不打仗的时候仍然使他手下的士兵的力量和勇气保持在巅峰状态，因为没有什么能比一把被搁置的剑或一个无所事事的士兵更快锈蚀的了。

正如所有领导者必须认识到的那样，亚瑟王也必须认识到，会对人起破坏作用的是和平安逸，而不是战争；懦弱的根源是安全，而不是危险；带来恐惧和不安的是富足，而不是匮乏。他悲伤地意识到，整个英国长期以来经过如此痛苦的斗争而得来的和平，带来了比以往任何时候都要更多的痛苦。亚瑟王越来越忧心忡忡，满面愁容地看着他勇敢的年轻骑士，他们本来会在战斗队伍中与一个可敬的敌人作战，现在却变得无聊、懒散、咄咄逼人，把他们的力量消散在抱怨和争吵的泥潭中。

甚至连他最伟大的骑士兰斯洛特也变得沮丧起来，因为他找不到一个让他拔剑的对手。他就像一只没有猎物的老虎，就连这位高贵勇敢的战士也变得焦躁不安，然后愤怒起来。他身体开始疼痛，性情变得古怪起来，这在以前是完全不曾有过的。

王后吉尼维尔深爱着兰斯洛特，并且她还很了解男人，看到他日渐消沉，王后感到很难过。她和亚瑟王谈过这件事，因此得知他也很担心这些年轻的骑士们。

“真希望我能想通这一切，”亚瑟王说道，“他们吃得好，睡得安稳，随时随地与自己喜欢的人交合。他们一半的欲望已经得到了满足，不再需要忍受过去所有的痛苦、饥饿、疲倦和纪律。然而，他们仍然不满足。他们抱怨时代有负于他们。”

“时代确实有负于他们。”王后回答道，“他们的内心是空虚的，我的王。他们已经实现了一个珍视了许久的梦想，现在他们再也没有什么可以奉献的了。梦想实现后，内心就会有一种空虚之感。现在，时代对他们没有任何要求。最凶猛的猎犬、最快的战马、最好的女人、最勇敢的骑士——没有人能够抵御懒惰的腐蚀。就连兰斯洛特爵士也像一个被宠坏的孩子一样，在停滞不前的不满中不断抱怨。”

“我该怎么办？”国王哭诉道，“我担心世界上最崇高的友谊就要崩塌。在征战不休的日子里，我传教、工作、为和平而战；现在我拥有了和平，内心却满是焦灼。有时我发现自己真希望用战争来解决我的难题。”

“你不是第一个这样想的统治者，也不是最后一个。”吉尼维尔王后说道，“我们有普遍的和平，这是事实，但是，一个健康的人只要一点点病痛就会使他痛苦不堪，就像一个健康的人偶尔也有小病缠身，就算在和平时代也需要小打小闹来装点一下。我们周围总会发生各种各样小型的战争。一个男人自己丢了牛，却把罪责归咎到邻居的头上，而一个女人居然因为她的邻居拥有比她更为美貌的面容便将其毒害，然后家庭的恩怨便由此展开并延续给了下一代。这些小型的战争无处不在，对于一支军队来说是微不足道的，但对于任何一个个人来说，却又总是难以平息和调和。骑士们需要去追求点什么。

“但是年轻的骑士们对旧式的理想和追求不屑一顾，然而正是老一辈的骑士们才经历了真正的战争。

“为伟大而奋斗是一回事，而努力做到不渺小则是另一回事。我认为所有的人都想比当下的自己更为伟大，但只有当他们投身比自己更伟大的事业中时，他们才能做到这一点。如果没有受到挑战和历练，即便是世界上最好的骑士，也会发现自己在不断地退步。我们必须设法对那些微不足道的小事宣战。我们必须发现那些助长一个巨大的无形错误的小恶魔的旗帜——每个群体都会出现的小恶。我们可以组建一支战斗部队与之相抗衡，尽管战斗可能是小规模的、微妙的，甚至几乎不明显。我们可以称它为国王的正义，每一个骑士都是这个正义的使者和守护者，而每一个人都要对它负起责任。到那时所有的骑士便都会变成比其自身更为伟大的事物的一部分。”

“我该怎样宣战？”亚瑟王一边思索一边说道。

“从世间最为出色的骑士兰斯洛特爵士开始，配给他最差的骑士作为同伴。他的侄子莱昂纳尔爵士在众骑士中最为懒惰无用，正是个不错的人选。到那时最差的一个便会向最好的一个看齐。”

“最差的和最好的，”亚瑟王微笑道，“这是一个强有力的组合，这样的联盟是无与伦比的。”

“只有通过这样的联盟，战争才可以打胜，陛下。”王后回答道。

骑士们现在有了一个新的目标来激励自己。但这一新的战争是永无止境的，因为没有单一的敌人可以与之作战，只有人类内心的瑕疵等待人们去完善。

评论：　　功成名就之后接踵而来的往往是一场大萧条。当我们无所事事而不是在持续斗争时，我们便面临着内心堕落的风险。这是亚瑟王发现的虽深刻却令人沮丧的真理，而吉尼维尔，虽然已经被对兰斯洛特的禁忌之爱所腐蚀，却也能对此有所洞见。如果我们长久以来一直渴望着达成某一个目标，经过多次的斗争和磨难之后达成目标时，我们都希望能够感到满足与平和。然而，现实的情况往往相反，我们无法理解，为什么奋力爬到山顶之后，眼前所呈现的却只有一片灰暗、黯淡和无望。不管是世俗的责任，还是物质的获取，我们中的许多人都是被周遭的奋斗所驱使着，抑或说是我们自身就相信，要去拥有、去赢得、去获取一些东西。然而，这个故事揭示了一个关于人心的秘密：并非嘉奖，而是奋斗，使我们感到浑身充满活力，并投入我们最大的爱和热情。虽然我们不愿承认，但正是奋斗才能使我们发挥出最好的一面。

我们在许多非常成功的人身上都能够看到这样的发

展轨迹，他们多年来一直在为获得认可或财富而奋斗，并在取得了自己所期望的成就之后，便开始陷入情感上的痛苦、身体上的疾病、灵魂的腐朽。从某种意义上来说，亚瑟王的战斗骑士象征着亚瑟王本人积极的一面，他充满了勇气和渴望，愿意承受各种艰难困苦，去赢得一场场伟大的战斗。当没有什么可争取的时候，一个人该如何对待这种强大的、猛烈的、高尚的精神呢？从世俗的角度来说，和平时期的军队可能面临一个严重的问题，因为如果没有什么可以与之战斗的话，那些能把人们变成优秀士兵的进取心和战斗精神便会日渐懈怠。所有有进取心的人都面临着内在挫败感的风险—— 一旦愿望达成，生命就不再具有任何意义了。

吉尼维尔知道只可能有一种答案。为了重申我们对生命的承诺以及重新发现未来充满潜力的意识，我们必须找到一个新的目标，但这一新的目标要大于我们个人的愿望。这里所描绘的是人们首先要实现他们的个人抱负，并认识到他们属于一个更大的群体，为之做出贡献，如此才能让生命由内而外地再次流动起来。亚瑟王的和平是在其人到中年时实现的，而当我们也至少成功地赢得了一些个人斗争，并且已经通过个人成就发现了我们的本性、才智和局限性时，参与到更大世界的生活中去也许是一项最好的选择。权力带来了责任，而成就带来了审视内在的需要，那就是要从内心出发，去发现个人成就到底是为了什么，以及它真正为谁服务。

所罗门的审判

承担责任需要智慧

《圣经》中关于“所罗门的审判”的故事是一个光辉的例子，说明了当我们有幸获得权力的时候谦卑和智慧的重要性。所罗门不仅仅是用他的思想，而且是在用他的心来统治他的国家；他的智慧是上帝的恩赐，因为他的内心没有傲慢和贪婪。在这方面，无论是在古代还是现代的领袖中，他都是极为罕见的人物。

所罗门在他的父亲大卫王薨逝后继任成为以色列的王。耶和华在梦中向所罗门现身，对他说：“你想要什么？”

所罗门回答道：“您已经向我父亲大卫尽显慈爱。现在您又立我为王，但我只是一个小孩子，对一切都无从知晓。因此，请给我一颗善于理解的心来评判我的人民，使我可以辨别好坏善恶。”

听到他这么说，耶和华很高兴，于是对他说：“因为你所求之事，并不是为了使你自己长寿富足，也不是为了击溃你的仇敌，那么我便如你所愿。我会给你一颗智慧和善于理解他人的心。”

随即所罗门从睡梦中醒来了。

有两个妓女来到他跟前。第一个女人说：“陛下，我和这个女人住在一所房子里，我就在那儿生了一个孩子。在我生下孩子后的第三天，这个女人的孩子也降生了。我们一直在一起，家里也没有其他人。当天晚上这个女人的孩子死了。于是她半夜里趁我睡着的时候，将我的孩子抱到了她的身边，把她已经死去的孩子放到了我的怀里。我早晨起来给孩子喂奶的时候，发现孩子死了，我一想就知道那不是我的儿子。”

另一个女人则说：“不！这个活着的孩子是我的儿子，死了的那个才是你的。”

第一个女人反驳道：“不！我的孩子还活着，死了的那个才是你的。”紧接着她们在国王的面前吵了起来。

这时，所罗门说道：“你们各自都说自己的孩子活着，而另一个人的孩子已经死了。给我拿一把剑来！”仆人立即给国王拿了一把剑。所罗门说道：“把这个活着的孩子劈成两半，你们一人一半。”

此时第一个女人慌忙说道：“陛下！把这个活着的孩

子给她吧！千万不能杀了他！我宁愿孩子活着，就算他不再是我的儿子也没关系，只要别伤害他就好。”

第二个女人却说：“不，他既不是我的也不是你的，那就分了他吧！”

所罗门说道：“把活着的孩子交给第一个女人，她才是孩子的母亲。”

所有的以色列人在听说了所罗门做出的审判之后，都对他抱以敬畏之心，因为他们在所罗门的身上看到了上帝的智慧。

评论：　　正如《圣经》中所罗门的故事所告诉我们的那样，权力，无论是政治权力、财务权力、社会权力或是情感上的权力，都承担着巨大的责任。这位国王首先注意到，缺少了他所统治的那群人，他什么也不是；重要的是他的人民，而不是他自己的荣耀。因此，当上帝问他想要什么礼物时，他请求上帝能够使他做出明确的判断，以便他能够明智地、很好地管理他的人民。所罗门在接受王位时所表现出的谦卑着实可贵。然而可悲的是，无论是在神话故事中还是在现实世界中，许多的掌权者都缺乏这种谦卑。我们很可能会问，如果掌权者有所罗门的一点点智慧，我们会生活在什么样的世界里？

所罗门之所以能够做出这个著名审判，其根本不在于宣战，不在于提高或是降低利率，也不在于增加税收。它围绕着两个非常普通的女人的不幸，其中一个失去了孩子。这才是统治的真正意义，因为如果我们对同胞的情感无动于衷，也许我们就没有权利要求占据统治地位。身居高位的人常常带有这样的特点，他们逐渐与其周围的生活隔绝，无法再理解那些让其他人哭泣或大笑的事情。许多达成了重要的世俗目标的人，在某种程度上却忘记了担心孩子，为失去宠物而悲伤，或对美丽的太阳微笑的感觉。所罗门那为世人所周知的智慧不是基于军事力量或精打细算，而是建立在他对爱的理解上。因为他能清楚地看到，一名真正的母亲应该是什么样子的，是那种宁愿放弃孩子也不愿看到孩子受苦的人。

这个世界不是一个完美的地方，正如人类也不是一个完美的存在。所罗门的智慧不是我们所能预期到的，除非我们在做出决定时能够瞬间预知未来。我们必须记住，当我们要求获得经理、董事、议员、主席、总统或总理的头衔时，我们真正为谁服务。所罗门的审判具有深层的意义，他赢得了全体人民的尊重，在其治下无人叛乱。这对那些手握大权却害怕失去一切的人来说是一个明确的信息。除非权力受到谦卑之心和真正的服务精神的制约和推动，否则不会长久。

第五部分

死亡之旅

生命的巨大难题——人类痛苦的奥秘，对更深层次或更高现实的追求，死亡的谜团——在许多世纪里让哲学家、神学家和心理学家为之神往。神话为我们提供了对这些成人仪式的丰富洞察力，并能在那些我们面临无法回答的生活领域给予我们微妙而深刻的指导。人类可以通过生命中的这些关键时刻成长和充实，但要从令人沮丧或痛苦的经历中找到难以捉摸的意义，使我们能够做出具有建设性的事情，常常并非易事；相反，我们可能会失望，甚至痛苦，因为我们无法理解生活中如此艰难的十字路口所固有的更深层次和内在的潜力，因为生命的奥秘是自相矛盾的，关于与那些比我们更强大的力量相遇的神话故事可以给我们一个更广阔、更包容的视野，而不是科学的教条主义的答案，或是传统的宗教教义所说教的。我们经常能在人类的灵魂中发现这些，但它往往是通过认识到生活中最令人困惑的东西，才会被召唤出来，这些东西即便不是答案，也会具有其他的意义。

第一章

分离、失去以及痛苦

分离和失去是人类最常有的经历，任何一个人都不可避免。既定的宗教教义总是试图解答为什么我们会遭受痛苦，特别是当痛苦似乎不公平或不正当的时候。这些答案虽然往往不能满足一个具有探索精神的人的需要，却为那些寻求减轻痛苦的人提供一些慰藉。然而，与宗教教义不同的是，一方面，神话从来没有告诉我们遭受痛苦的原因，或是我们可以如何避免它，也没有告诉我们上帝会给予我们什么回报；另一方面，痛苦的转化效应可能会在那些给我们带来最大痛苦的经历中被窥见出来。神话有一种奇妙的治愈效用，它讲述了分离和失去的故事，因为在这些故事中，我们可能会发现，它就像一面镜子，映射出自己现在所处的环境与状态，并让我们意识到我们并不孤单。如果我们深入思考神话所提供的观点，也许我们就会明白，人类痛苦中唯一真正的疗愈来自人类的分享和同情，而不是似是而非的、简单的答案，而正是这些答案声称解释了最大的人生谜团。

约伯的考验

苦难之谜

《圣经》中关于约伯的故事赤裸裸地揭示了生活是多么不公平；我们孩子般的梦想——善良总是得到回报，邪恶总是受到惩罚——会让我们陷入幻灭和痛苦之中。然而，约伯从来没有失去对上帝的信心，不管他必须忍受什么样的痛苦。虽然没有人告诉他，他为什么要经历这些考验，但他对神的智慧的信心——换句话说，他对生命的信任——从未辜负过他。

乌斯地有一个人，名叫约伯。他为人正直，对神敬畏，不做恶事。他有七个儿子，三个女儿，是一个富有的人，住在一所很大的房子里，并且家里有许多牲畜。他是东方人中最有名望的一个。

但约伯的繁荣和舒适注定要结束。有一天，天使们出现在神的宝座前，撒旦也一同在场。耶和华问他从哪里来，撒旦说：“我在地上徘徊，观察那里所发生的事。”

耶和华对撒旦说：“你在旅途中见过我的仆人约伯吗？世上没有人能像他一样，他是一个完全正直的人，敬畏神，不做恶事。”

撒旦说：“难道约伯敬畏神却不求回报？他敬畏你，是因为你保护他，赐福给他。现在就伸出手，夺去他所有的，他必然会当面诅咒你。”

耶和华被这话深深刺激到了，于是他对撒旦说：“好吧，试炼他吧，他所拥有的一切都可尽在你的掌握之中。但唯独不要伤害他本人。”撒旦非常满意地离开了上帝的居所。

自此约伯的生活开始变得不幸。他的牛、驴子和骆驼都被人偷了；仆人也被人杀了；一场大火从天而降，烧死了他所有的羊。紧接着，一场大风吹倒了他们的房子，当时一家人正在屋子里吃饭喝酒，他的儿子和女儿悉数丧命。

只见约伯撕裂他的外袍，剃光了头，倒在地上。他说：“我孑然一身地从母亲的子宫中降临世间，现在我必赤身归回；所有的一切皆是耶和华所赐，也必然由耶和华收回；同心颂扬主圣名。”事实证明撒旦错了，即便所有的灾难一时间全部降临到约伯的头上，他也丝毫没有诅咒上帝的意思。

撒旦回到耶和华的面前，耶和华说："我说对了吧？世上没有人能像我的约伯一样。你虽然无故攻击他，摧毁了他的一切，但他仍然坚守他的纯良。"

撒旦回答道："是的，可事实上，一个人所拥有的一切都是为了生存。如果你危及了他的生命，他一定会当面诅咒你。"

耶和华说："很好，那么他的生命便全交给你，你可以威胁他的生命，但一定要救活他。"

撒旦离开耶和华处，便开始诅咒约伯，使其从头到脚，遍身伤痛。

约伯在一片灰烬中坐下来，向耶和华祷告。他的妻子对他说："事到如今你还在坚持着你的纯良？就算是死，也得诅咒过上帝之后再死吧！"

可是约伯回答道："你在说什么蠢话！难道我们只能接受上帝的恩惠，却不能承受痛苦吗？"尽管约伯承受着巨大的痛苦，却丝毫没有怨恨上帝。

这时，约伯的朋友们一起前来抚慰他，但他们却只能给他错误的安慰。他们假装理解上帝的用意，但实际上他们真的对此一无所知。他们暗示约伯一定是在不知不觉中犯了罪，因此上帝才对他施以惩罚；或者说上帝其实是在考验他，只要他通过了考验，最终便会得到奖赏。他们的话没有给约伯带来丝毫安慰，反而只有悲伤。

但耶和华却因这些人的诡诈之言而大发雷霆，他从旋风中对约伯说："究竟是谁如此无知，胡乱给出一些馊主意？他们或你究竟对上帝的力量了解多少？当我创世之时，你们都在哪里？你们又对天堂里的法令知道多少？"耶和华又向约伯问了许多类似的问题。

约伯说道："我该如何回答？我会三缄其口，再不多言。"

后来耶和华将撒旦所摧毁的一切悉数还给了约伯。此后，他又生了七个儿子和三个女儿，他活了一百四十岁，不仅看到了他的儿子，还有他儿子的儿子，直至四世同堂。约伯去世的时候可谓得以善终。

评论：　　在迪士尼以外的世界，邪恶经常不受惩罚，善良的人往往被不公平击倒。年轻、才华横溢、优秀的人死于可怕的疾病，然而造成成千上万人被杀戮的无情的独裁者却能长命百岁，最终舒舒服服地死在床上。这个严酷的生命维度为几千年来的宗教争论提供了素材，即使自认为最权威的宗教导师，也仍然无法精准定义出何为善良。即便如此，我们也仍然希望有一天我们能寻找到善的准则，这样我们便能摆脱生活的沧桑。

约伯的故事告诉我们，人类痛苦和不平等的根源不在于简单的“犯了罪就要受惩罚”。约伯并没有犯罪，但他同样要承受痛苦。上帝和撒旦之间奇怪而令人不安的对话，揭示了一个缺乏道德的世界，然而我们却试图用这种道德标准来要求自己，希望得到上天的眷顾。只因撒旦暗示说，如果上帝对约伯不那么仁慈，他就会失去信心，于是上帝便把约伯的命运交给撒旦，这既没有逻辑，也没有理性，更没有怜悯之心。然而，尽管上帝在这个故事中显露出了并不那么光辉的一面，约伯也并没有质疑上帝的本性或威严。上帝就是上帝，他使人们在试图发现自己在无意间所犯下的罪过的时候，根本无法找到解决痛苦的方法。这无异于说，痛苦其实并没有来由，只是因为它是生活的一部分。对于那些从小就相信上帝就像圣诞老人一般存在的人来说，接受这个事实如同得到一粒难以吞咽的药丸；在生命的奥秘面前，人们需要怀有一颗谦卑之心，而只有通过痛苦、失落、深沉的质疑和对现实的接受才能找到这些奥秘。

约伯的朋友和我们大多数人一样都是出于善意，但他们只能提供一些肤浅的解释，而这些解释并不能深刻地触及正在遭受痛苦的人。在这样的时刻，如果朋友和辅导员试图通过压抑我们的痛苦来分散他们自己对痛苦的恐惧的话，那么这些热心人善意的话语可能就不会给我们带来任何助益。抚慰有其规则和时机，唯一真正的安慰可能在于沉默以及与那些受苦的人一起默默承受。我们损害他人的利益，因为我们想努力得出简单的解决方案或是希望眼下自己所承受的痛苦可以在今后得到补偿。这个故事告诉我们，当我们试图为宇宙之谜提供人类的答案时，我们便侮辱了神圣。

故事的结尾，约伯的财富失而复得，并且拥有了新的家庭。然而，他死去的孩子却没有复活。显然，就连上帝也无法撤销已经做过的事。我们不能抹去过去，也不能神奇地使我们的伤口愈合，或使痛苦被遗忘。约伯所经历的一切使他成为一个真正的人，我们在这个古老的故事中真正看到的是我们迟早都必须经历的成熟的过程。我们可能不会遭受那种折磨约伯的极端悲苦，但是，生活的不公平迟早会触及我们，我们会感受到本不该承受的痛苦，并遭受不该遭受的损失。不管我们对生命的信任是植根于对上帝的信仰，还是源于对人的潜能的信念，上帝对约伯的考验都告诉我们，我们必须找到这种信任，不必为了最终的回报找到理性的解释或承诺。只有这样，我们才能重拾自我，才能找到力量，在遭受痛苦和损失之后，重新开始我们的生活。

俄耳甫斯与欧律狄刻

处理悲伤

关于俄耳甫斯和他的亡妻欧律狄刻的悲惨的希腊神话告诉我们，尽管我们极力试图抓住从我们的生命中所逝去的东西，我们却始终无法避免经历悲伤和失去所带来的痛苦结局。关于如何处理失去所带来的痛苦，这个神话并没有为我们提供一个易于接受的解决方案，却有一些温和的暗示可以使我们明白，如果我们懂得放手，我们所失去的东西可能就会以另外的形式继续存在；反之，如果我们执意坚持，那么那些本该离去的人和事可能真的会在我们心里死去。

色雷斯国的俄耳甫斯以演奏世界上最甜美的音乐而闻名于世。他是缪斯女神卡利俄珀和色雷斯国王俄阿格罗斯的儿子，尽管有传言说他其实是太阳神阿波罗的儿子。阿波罗赐予他的演奏金色竖琴的技巧使人神魂颠倒，甚至连奔流的溪水都停下来聆听，岩石和树木也会连根拔起，跟着他那优美的音乐舞动。

一位能给石头注入活力的乐手，不费吹灰之力便赢得了美丽的仙女欧律狄刻的芳心。起初他们的婚姻是幸福的，但不幸的是，他们的快乐却是短暂的，因为欧律狄刻被蛇咬伤，且无药可救。俄耳甫斯只能眼睁睁地看着爱人离去，他悲痛欲绝，走到欧律狄刻的坟墓前，神情哀伤至极，这深深地打动了所有参加葬礼的人的心。没有了欧律狄刻，俄耳甫斯的生活便失去了光明。于是他叩响了冥王哈得斯的大门，前往冥界寻找他所失去的爱人，然而除非到他死亡的那一天，否则没有任何活着的人可以进入冥界。

俄耳甫斯演奏得如此痛彻心扉，以至于负责把死人的灵魂运送到冥河对岸的摆渡人卡戎，居然忘了检查俄耳甫斯的舌头上是否放有硬币。卡戎被神奇的音符迷住了，毫不怀疑地将船划过了冥河，这条黑河把阳光照耀的世界和冰冷的阴间分隔开来。俄耳甫斯的琴声是如此动人，以至于死亡之门的铁条自动地向后滑去，而保卫冥界门户的三头狗刻耳柏洛斯甚至没有露出牙齿就倒下了，它被这种舒缓的音乐驯服了。因此，俄耳甫斯得以不受任何限制地进入冥界。琴声响起，仿佛使那些在地狱中被诅咒的人们从无尽的痛苦中解脱出来，甚至冥王哈得斯那颗冰冷坚硬的心在那一刻也变得柔软了。俄耳甫斯谦卑地跪在冥王和王后的座下，用他最为神秘的旋律祈祷、恳求冥王和王后，可以让欧律狄刻随他一同返回阳间。冥后对冥王哈得斯耳语了几句，于是一阵低沉、空洞的声音打断了俄耳甫斯的琴声。冥界的所有人都沉默不语地听着哈得斯的命令。

“去吧，俄耳甫斯！回到阳间去吧！欧律狄刻会化作你的影子与你同去！但是记住，在你回到阳间之前不要停下脚步，不要说话，最重要的是，千万不要回头。否则，你将永远都见不到你的妻子。现在就走，不要耽搁，你要相信，在那条无声无息的路上，你不是孤独的一个人。”

俄耳甫斯怀着敬畏和感激的心情，转过身，背对着死神的宝座，穿过寒冷的阴霾，向着光明世界的一缕微光走去。他穿过寂静的大厅，他的脚步声大声地回荡着，他急急忙忙地走向那离他越来越近、越来越清晰的光芒。然而，正当他即将步入光明的时候，他被痛苦的怀疑所折磨。如果哈得斯欺骗了自己呢？如果欧律狄刻没有真的在身后呢？他无法控制自己。他转过身来，就在那一瞬间，他看到欧律狄刻渐渐地消失了，她挣扎着伸出双臂，再次死去。这一次，冥界的大门不会再对他打开，他只能独自一人回到阳间。从此之后，他的生活永远失去了光明。

俄耳甫斯后来成了祭司，教导人们生与死的奥秘，并向色雷斯人宣讲献祭杀人的罪恶。他用音乐给许多人带来欢乐，也治愈、抚慰了很多人，然而，他却无法治愈自己的绝望，因为他失去了唯一一次欺骗死亡的机会。他自己也死得很惨，因为酒神狄俄尼索斯憎恨一个凡人受到了本该只有神明才能受到的崇拜。狄俄尼索斯疯狂的女性追随者将俄耳甫斯撕成了碎片，缪斯夫妇把他破碎的身体埋在奥林匹斯山脚下，据说，那里的夜莺比世界上其他地方的都唱得甜美动听。

评论：　　俄耳甫斯的神话深深地打动了我们。它使我们的心里燃起一股希望，也许我们可以欺骗死亡，避免不可避免的损失，然而最终这希望还是会破灭的。俄耳甫斯是如此能干、如此特别，以至于除了他以外，没有人能够死两次。我们时常会相信，如果我们让自己变得足够优秀——可能是完成一幅完美无瑕的艺术作品，可能是使自己变得强大和富有，可能是生得美丽动人，也可能是变得足够善良正直——我们便能摆脱悲伤和失去所带来的痛苦。俄耳甫斯的音乐引起了我们的共鸣，因为和他一样，我们会暗地里不自觉地以为自己会是个例外。“我知道每个人都会死，”我们说，“但这一次，我和我所爱的人肯定是可以幸免的。我真不敢相信死亡会发生在我和我所爱的人身上。”我们不愿相信，但这种可怕的悲痛是无法避免的，分离和失去是每个人都会经历的，它不会因为某个人的功德而对其区别对待。

俄耳甫斯和欧律狄刻的故事告诉我们，因为我们是人类，所以就必须面对死亡和失去。正是他们的人性使他们不可避免地经受痛苦、失去和死亡。欧律狄刻死亡的本质突出了生活的不公平性和不可预测性，死亡是生活中不可避免的一部分。俄耳甫斯的机会起初看上去相当鼓舞人心，因为他的音乐甚至能使严厉的哈得斯也变得心慈手软。然而到了最后，他失掉了信念，回头看了一眼，于是前功尽弃。我们会想，“如果他没有回头看，……”然而，我们深知，这是不可避免的，因为俄耳甫斯是人，没有人能够对无形的事物抱有绝对的信任。甚至耶稣受难的故事也告诉我们，怀疑是不可避免的，当信仰消失，黑暗降临的时候，痛苦终会到来。

这个故事中存在着一个令人不安的悖论。我们不应该回头看，因为在回头的时候，我们又一次遭受悲伤和失去。即便我们不回头，我们就真的能欺骗死亡吗？也许，如果我们能从心理层面上理解欧律狄刻的复活，我们就能窥见隐藏在这个故事中的智慧。当我们回首往昔，渴望一切重来的时候，诸如“如果……”这样的想法经常会困扰着我们所有人，我们谴责自己让悲剧重演，并且再次不可避免地意识到自己的无能为力。如果我们能够接受已经失去的，并将目光投向未来，那些已经离开的人就会永远与我们同在，因为我们心里所留下的，皆是充满欢乐与爱的记忆。这样的记忆永远不会被破坏，我们会将所爱之人记在心里，而他们的爱也会改变我们的生活。也许这便是欧律狄刻复活的深层含义，不是作为一个真正存活的人，而是作为俄耳甫斯生命的一部分，深深扎根在他的灵魂深处。从这个意义上来讲，纠结于失去之中无法自拔，抱怨自己一直生活在痛苦之中，对于我们来说，这没有任何帮助和宽慰。我们所承受的，不仅仅是眼前的失去，更重要的是失去了以后生活的目标。我们应该承担起这样的损失，怀揣着这样一个信念：太阳照常升起，生活仍将继续。

当我们痛失所爱时，不可避免地会经历一段痛苦的时期，饱尝悲伤滋味——经历痛苦、绝望、重燃希望、否认、内疚、自责、指责、压抑与麻木这一个周期，此后，生活才会再次激荡起来。这是一个流动的过程，我们会被痛苦蚕食，被悲伤淹没，所以，得做好打持久战的准备。也许你就能理解冥王“千万别回头”告诫的含义，如果我们回头张望，便是在停滞不前，拒绝事情变好的可能。请允许悲伤自然而然地发展下去，别预设自己应该消沉多久，也别期待自己很快便能复原如初，放弃无谓的信仰，生活不会对我们网开一面。如此一来，我们便能接受失去所爱之人，心平气和地接纳悲伤，而不是喋喋不休地抱怨和愤恨，开始新生。

人首马身的喀戎

面对生活中的不公

生活中的不公可能是我们最难自我调节的部分了。我们总是试图通过理论和哲学来将生活中的不公平合理化，相信宇宙是公平的，我们通常会这样说服自己，善恶到头终有报，如果不是在这一世，那么等到下一世，恶人最终还是会受到惩罚。与《圣经》中约伯的故事一样，喀戎的神话也是一则关于不公和痛苦的故事。它非但没有鼓励我们保持天真，反而告诉我们，不公所带来的痛苦也许根本就是没有理由的。然而，它会具有什么样的意义，取决于我们是否允许痛苦从内在改变我们。

在白雪皑皑的山峰上的一个山洞里，居住着最古老、最聪明的半人马，一个神秘的种族。从外表来看，他们一半是人，一半是马。而喀戎则是他们中间最为年长，也最为智慧的一个。这些半人马是克洛诺斯（克洛诺斯，希腊神话中宙斯的父亲。——译者注）的孩子。克洛诺斯把自己变成了一匹马，他玷污了一位仙女，因此，这一结合所诞下的后代便是半兽半神。

与多数其他生性野蛮的半人马不同，喀戎有着不同寻常的智慧和温柔，而且他还是人类的朋友。他有罕见的竖琴演奏技巧，经常用这种乐器演奏出悦耳的音乐，并以此将人类的忠告传递出去；他知道草药的所有秘密，能够治愈许多人类医学无法缓解的疾病；他了解星星的智慧，并教授族人占星术。他的名声如此之大，以至于许多国王都将儿子交予他照顾教导。这些年轻的学生从喀戎那里学会了要敬畏神明，尊重老人，以及在痛苦和困难中并肩前行。这位年长且智慧的半人马不仅教授孩子们谱写动人的音乐，跳出优雅的舞姿，还教他们摔跤、搏击、赛跑、攀岩以及如何在野外山林之中捕猎。他们学会了解读来自天堂的预兆，以及找到那些能够治疗感染和疼痛的植物。喀戎教出的孩子们都已经学会了如何笑对艰难险阻，鄙视懒惰和贪婪，以及勇敢而快乐地面对一切。长大后他们成了灵巧而强壮、谦逊而勇敢的人，最重要的是，他们学会了遵守法度。

在喀戎最为要好的朋友中，有一位威力强大的英雄赫拉克勒斯。这位巨人一直在和九头蛇海德拉搏斗，最后，赫拉克勒斯杀死了这只怪兽，他把一些箭浸入九头蛇的毒血里，于是这些箭成了致命的武器。紧接着，在去拜访他的朋友喀戎的路上，这位英雄被一个野蛮的半人马部落拦住了，接着发生了一场大战，赫拉克勒斯独自一人站在那里对抗着不断进攻的部落。当喀戎听到战斗的声音时，他从洞穴里出来，举起手来示意停战。他看到赫拉克勒斯将箭对准了一只半人马，便立即站到了他们中间，但当时箭已射出，并直中喀戎的大腿。

如果喀戎只是一只动物，或者只是一个人类，那他一定立即毙命。但喀戎有一半是神，此时永生却成了他可怕的负担。伤口实在是太疼痛了，半人马在他的山洞里咆哮着。这个充满智慧的医者此时找不到任何有效的解毒剂，也没有任何办法能够缓解自己的痛苦。他别无选择，只能忍受，因为他不可能像其他凡人一样死去。他的痛苦促使他尝试许多新的治疗方法，其中一些对其他饱受病痛折磨的人来说是非常有价值的，但他却始终没有找到一个能够减轻他自己痛苦的方法。绝望之下，喀戎向众神之王宙斯乞求死亡。宙斯对他甚是同情，最终允许他像凡人一样得以安息，于是喀戎终于从痛苦中得以解脱。

评论：　　这则黑暗的神话很难被人所接受。像喀戎这样聪明而有礼的好人，仅仅因为他在错误的时间出现在错误的地方便不得不承受巨大的痛苦，这似乎是非常不公平的。我们在日常生活中常常会遇到类似的情况，这使我们的内心充满了无奈的愤怒和困惑。“为什么这样可怕的事情会发生在如此年轻、如此和善、如此优秀的人身上？为什么坏人却不用经历这一切？”我们想要相信生活是公平的，因为如此才能使生活看上去是可控的。我们想要成为一个好人，之后这种想法却受到一些破坏我们生活的事故的冲击，这几乎是不可接受的。无论是人类发明的集体灾难（如战争），还是大自然本身引发的灾难（如地震、干旱和洪水），在全球范围内，我们都面临着生命的深刻不公。无论我们多么迫切地想要相信一个公正的宇宙的存在，我们都迟早会面临不公所带来的痛苦的困惑。

当不公降临到我们头上，无论这是否为我们应得的，我们唯一能做的就是承受，除此以外别无他法。起初我们会抱怨，并试图通过寻找替罪羊来减轻我们的痛苦，我们可以把责任推到他人身上。我们指责父母、社会、政府或少数群体以及任何其他现成的事情，因为如果不抱怨点儿什么的话，我们会崩溃的。最后，我们可能得到的唯一回应便是理解和同情。同情（compassion）源自拉丁语词根，意思是“感同身受”。不公所带来的痛苦是我们大家共同分担的，它可以为我们带来一种与其他生物有着深刻联系的感觉。虽然我们可能永远不会发现这种无谓的痛苦背后的缘由，但我们可以看到它的终极变革力量，就像它能净化和改变人类的心灵一样。

这个故事中隐含着这样一种暗示，那就是试图教化人性中野蛮的一面是要付出代价的。尽管这种代价毫无疑问是不公平的，牺牲是不可避免的，因为这就是生命的本质。如果我们要为自己创造一个更美好的世界，就必须在以赫拉克勒斯为象征的自我意识与以野蛮半人马为象征的人类内部的破坏性本能力量之间进行斗争。有时，斗争的结果可能是不公平所带来的痛苦和失去。只有从更广泛的角度来看待这个故事，我们才能窥见它的更深层次的目的，尽管我们可能无法从中寻找到绝对的公平。

喀戎的自愿赴死可以被看作一个深刻的象征：他用他的永生来交换所有凡人的命运。我们可以将这种死亡看作心理上的转变，其实它是对人类局限性的一种深层的接受。只有当我们认为自己是如此特别，以至于我们可以免于生命的沧桑时，我们才会真正感受到喀戎所受到的毒害。这种毒害可能被理解为具有腐蚀性的持续怨恨所带来的痛苦。如果我们期望从生命中得到保护，那么当我们发现自己并不是那么特别的时候，我们心里就会充满苦涩和恶意。当我们在生活中遭受了不公正的待遇，我们不妨扪心自问一下："为什么不是我呢？"无论是喀戎的天赋以及永生的特质，还是我们自己的天赋和更高的灵性，都不能保护自身不受任何伤害。我们同样需要接受生活中的局限性，经历内心的死亡和转变，由此才能淡然面对生活中的悲欢离合。

虽然半人马是一种神奇的生物，可喀戎的故事仍然是一则关于人性的神话。我们是对立与矛盾的混合体，一半残忍，一半神圣，既有伟大的智慧和善良的心地，也有野蛮和暴虐的能力。故事中与赫拉克勒斯战斗的野蛮半人马，在我们的内心世界里便如同喀戎的出身。这些对立面在人类自身中有着不可分割的联系，永远无法完全割裂开来。无论有多聪慧，我们都有可能野蛮地对待他人，即使作为个体，选择与光明的一面结盟，我们仍共享这个集体的二元性。因此，我们都可能遭受不公所带来的痛苦，无论是身体上的还是情感上的，一旦受到这样的伤害，我们就永远无法被治愈，因为我们的纯真将永远无法恢复。怀抱一颗慈悲之心，接受死亡的极限，而不是让自己的心沉浸在对生活的怨恨之中无法自拔，直至堕落，这些完全取决于我们自己的选择。

第二章

精神追求

千百年来，精神追求一直都是文学和艺术作品中最为重要的话题，因为人类灵魂中有一种无法抑制的东西，它永远不会停止追求比它本身更伟大的东西，也不会放弃它的信念，即永恒的东西会在凡人的肉体死亡之后继续存在。也许，这就是人类与地球上其他生物之间最为重要的差别。但这所谓的追求并不是简简单单地侍奉上帝的愿望，它还包含了对知识的渴求，这里所说的知识不仅限于宗教意义上的知识，更多的是指世界上最伟大的科学家和心理学家所追求的支撑现实的规律。对于知识的渴求，就如同在黑暗的路途中为我们点燃的一盏明灯，驱散我们前进道路上的邪恶。所有的神话都与精神追求有关，而这三者都涉及一种自我对抗，它揭示了处于人类灵魂核心的黑暗与光明的深层悖论。

浮士德的财富

没有恶，便没有善

这篇浮士德的故事对人类灵魂深处善良与邪恶之间那神秘的斗争做出了最好的描绘。马洛的伟大的《浮士德博士的悲剧》，以及歌德所撰写的崇高史诗《浮士德》，都源自这个中世纪的故事，他的精神追求导致他把自己的灵魂卖给魔鬼。他最终认识到尘世乐趣的乏味，并通过悔恨和同情得到救赎，他成了一个非常具有代表性的形象，说明了人类既需要了解善，也需要了解恶，这样才能找到内心的平静。

从前，有一位杰出的哲学家和神学研究者，名叫浮士德。哲学家和神学家们就上帝的本性和人生意义进行的说教并不能满足他对智慧的渴求。另外，除了知识渊博以外，他的自傲的程度也是相当惊人的，他希望通过自己的努力去发现以及破解生命中最大的秘密，而不是一味地听从那些他内心根本瞧不起的人的意见。

不久，浮士德便放弃了自己的神学研究，成为一名研究秘术和魔法的学者，他希望通过炼金术实验，以及古埃及人流传下来的巫术和魔法中的隐秘学问找到生命的秘密。可是，就算是这些被明令禁止的研究也不能够带给他期望的内容，因此他便陷入深深的忧郁，绝望之中竟然招来了地狱中的亡灵。为了回应他的召唤，一条黑犬神秘地出现在这位学者的书房里，之后又变成了一个奇怪的人形，他宣称自己是墨菲斯托菲里斯，是代表魔鬼与破坏力量的亡灵。墨菲斯托菲里斯一直在寻找可以进入黑暗一边的人类的灵魂，以此而去欺骗上帝。浮士德希望得到墨菲斯托菲里斯关于生命秘密和神灵本性的知识。这样，他们之间就达成一项协议，双方歃血为盟，墨菲斯托菲里斯同意在这个世界里为浮士德服务，而浮士德也同意在下一个世界里为墨菲斯托菲里斯服务。墨菲斯托菲里斯完全了解浮士德需要付出什么样的代价，可是，这位哲学家却没有明白，他要交付出去的，是他永远不死的灵魂。

过了一阵子，浮士德被墨菲斯托菲里斯显示给他看到的魔法与神秘所吸引，因此相信，他终于快要触及和洞见上帝的秘密了。可是，破坏的黑暗力量慢慢腐蚀了这位学者的意志，并引诱他产生了越来越强烈的肉欲和自负，一切精神追求的感觉一瞬间全都消失了。浮士德希望得到一个叫格雷琴的姑娘，她是墨菲斯托菲里斯设计好用来勾引浮士德的。浮士德使她怀上了孩子，随后便将她抛弃，之后姑娘就发疯了，在绝望中杀死了自己的孩子，并因为杀害婴儿罪而被判处死刑。浮士德意识到自己对一个无辜的人造成的可怕毁灭，他感到深深的忏悔。虽然他处在墨菲斯托菲里斯的控制之下，但他已经开始真正地爱上这个姑娘，因此在他的灵魂深处还保留着一部分没有腐坏。这是墨菲斯托菲里斯完全不曾预料到的，因为爱的救赎力量并不是破坏之力所能够了解的。

但是，墨菲斯托菲里斯对浮士德具有极大的控制力，多年以来，这位哲学家一直都沉湎于肉欲之欢，随处破解人生秘密。他想要知道的一切，最后都知道了，他明白天堂之崇高，看到大地之深邃。可是，他为格雷琴之死所怀有的悔意却一直在内心滋长，虽然他的灵魂堕落了，但里面还有某种东西仍然在渴望着光明。这位学者在一点点变老，但墨菲斯托菲里斯有的是耐心，心中很是得意，因为这位学者离死亡的日子不远了，之后，他的灵魂就会被黑暗吞噬。但到了最后一刻，浮士德开始正视他与墨菲斯托菲里斯签订的协议，明白了其中的后果，内心充满了更深的忏悔，因为爱，因为痛苦，他的灵魂很快就摆脱了墨菲斯托菲里斯的纠缠，高高升起在天际。

评论：　　浮士德的故事是每个人在黑暗中寻找光明的神话隐喻。他也是我们所有人内心世界的典范，充满了我们以自我为中心的欲望与我们为比自己更高更伟大的事物服务的渴望之间的冲突。虽然最初的神话起源于中世纪的基督教，因此以一种略显简单化的方式呈现了善与恶，但这一信息超越了任何具体的宗教教义，特别是从心理学角度去理解的话。浮士德象征着人类内心对于知识的渴求，他能够足够勇敢和饱含个人主义地拒绝传统宗教权威提供的教条，却也危险而傲慢地认为可以以知识的名义藐视基本的人类道德。我们可以谴责浮士德的贪婪和傲慢，但我们必须钦佩他的勇气和冒险精神，正因如此，他才能渗透生活奥秘的核心。在这里，我们面临着一个深刻的善与恶的悖论：为了努力理解前者，我们也必须承认后者；为了使这种认识得到承认，我们首先要和自己内心隐秘的黑暗势力作斗争。

浮士德对传统哲学和神学作品的幻想破灭，反映出一位优秀智者的两难处境，这种智者不能简单地听风就是雨。如果精神追求是发自内心的，它便不是来自对儿时信仰的接受，而是来自信仰幻灭和对生活悖论的深刻渴望。许多人面对这种双重困境选择装聋作哑，毕竟接受这种教条是一件容易的事。虽然他们选择了一种较为保险的方式，但也失去了解生命本质的机会。当面临不公、内心痛苦异常时，内心也总是难以平定，困惑不得其解。世界上许多伟大的宗教都谴责这种质疑，中世纪的教会也是如此。虽然质疑中饱含着危险，但它同样为灵魂和内心世界的真实体验激发了所有潜力。

权力会导致腐败，在物质层面上如此，在精神层面上更是如此。浮士德所持有的新的力量把他推到了道德边缘，他承受不了他对格雷琴造成的伤害。因为他爱上了她，所以他无法完全忽视他曾对她犯下的错；这便在他的心里埋下了一粒懊悔的种子，从同情中破土而出，最终使他能够欺骗魔鬼，得到宽恕和救赎。我们一直被教育要做一个好人，因为我们的一举一动均被上帝看在眼里。浮士德的故事教导我们，在不同的历史时期，社会所定义的道德规范（即善）是不同的。然而，爱和忏悔不同，不局限于任何特定文化或宗教理论，它们让我们在善恶之间游走，并保持内心的纯净和正直。不妨大胆假设一下，任何一种从心所欲的精神追求都可能让我们陷入黑暗和毁灭，只有到了这么一个境地，感受到我们自身是无法被救赎的（与魔鬼结盟），才能体会到何谓“恩泽”。恩泽，虽然这个词语是源于基督教的，但它并不局限于基督教，它是一种神秘的内在释放，它产生于我们的内在，它不仅对我们的善良，而且对我们的邪恶也具有重要意义。

这不是一个简单的道德故事，而是一个内在的心灵旅程，就像所有的神话一样，从心理层面来看，所有的人物其实都在我们每个人的内心深处。浮士德与墨菲斯托菲里斯就好像一枚硬币的正反两面，反映了人性中的两个维度。否定的精神——当我们认为生活毫无价值时，我们都会体验到这种精神——在我们每个人身上都可以找到这种否定的精神。每当我们对生活的幻想破灭时，我们都会在内心召唤墨菲斯托菲里斯，但是墨菲斯托菲里斯却不仅仅是邪恶。在歌德的史诗中，墨菲斯托菲里斯对浮士德说：“我是那种虽然意志永远邪恶，却永远行善的灵魂。”正是通过内心黑暗的力量，我们才能最终找到通往光明的道路。

佛陀顿悟

生死轮回

在前文所述的关于佛陀的故事中，他的名字还叫悉达多，当时他已经离开了家。现在，我们所看到佛陀历尽千辛万苦，终于找到了自己想要得到的东西——对苦难以及人生目标的理解。我们不妨将佛陀的顿悟看作一个真实的事件、一个宗教预言，或者说从心理学深层意义上所讲述的一个神话故事。或许人们可以从这三种解释当中发现某种真理。这则故事使我们明白，每个人的灵魂其实都在生死轮回当中游走，这是一个从无知的黑暗转变为理解的过程。

王子悉达多离开家，去寻求人类受难的秘密，他出家为僧，通过不同的教义和导师寻求生命的智慧。可这些智慧并没有让他得到自己想要寻求的东西。于是他便继续游历，此后在一条河的河岸停留了六年之久，并在那里苦修悟道，因此日渐消瘦。和许多信奉宗教的人一样，他也相信，如果能够摒弃所有生理上的欲望，灵魂便终将得到充实。

可是没过多久他便意识到，这种过度的自我惩罚式的苦修只会摧毁一个人的力量，它确实能够解放人的心灵，可与此同时它也使人浑身无力。悉达多明白了，他必须要超越这种禁欲式的苦修，正如他已经超越了世俗生活一样。他感到筋疲力尽，而此时的他也的确已经形容枯槁。有一个乡下姑娘看到他孱弱不堪，便送了他一碗米饭，他接过米饭便立即吃下了。起初跟他一起修行的五个弟子都相继离开了他，因为他们看到自己的师傅在吃到米饭的时候竟然表现出陶醉之情，于是他们觉得自己受到了背叛。或许他们会说，师傅根本没有得道。

之后，悉达多便动身前往菩提伽雅，并在那里找到了智慧之树。当他经过丛林时，体内发出了一道光，鸟儿都受到了吸引，从远处飞来，环绕在他身边，林中的动物也前来保护他。此后他便来到了神圣的无花果树下。他铺开了一捆新割来的干草，坐在树下，说出了以下誓言：“直到我参悟到自己想要寻求的真理，否则我绝不从这草垫上起身。如违誓言，我便会身体干枯、皮肉腐烂。”当他说完这话的时候，大地颤动了六次。

当时有一个恶魔，名叫马拉，他知道悉达多得道之日便是他的死期，于是他决心破坏此事。他派了三个美丽的女儿前来诱惑悉达多。女孩们在悉达多面前唱歌跳舞，悉达多却完全不为所动，镇定自若得如同无波湖面上的一朵莲花，恶魔的女儿们就此败退。之后，恶魔又派了一群可怕的妖魔鬼怪包围了无花果树，用以恐吓悉达多，可悉达多仍然平静如水、不动声色，那些恶魔们发现自己已经瘫软无力，全都倒在了悉达多身旁。最后，马拉亲自从云端下来，挥舞着一个可怕的巨大圆盘，这圆盘可以将高山一分为二，可这武器到了悉达多面前便毫无作用了，反而变成了一个花环，悬在了悉达多的头顶。

恶魔终被降服。岿然不动的悉达多一直坐在无花果树下冥思苦想。随着黑夜的降临，他的心中也有所顿悟。起初，他知道了众生存在的条件，后来他明白了生死轮回的意义。在世间的每一个角落，他都能够看到人们心中存在着一股情感力量，那便是死后重生。他记得从前的自己，找到了不可避免的因果关系。当他思考人类的苦难时，终于得到了启示。他明白了苦难是从何而来，也明白了如何结束苦难。

黎明到来之时，悉达多彻底得道成佛。他连续七天一动不动，坐在树下冥思苦想，之后又在树旁待了四个星期之久。此时的他明白了，在他的面前有两条路，他可以立即走向涅槃，这是一种极乐的状态；但他也可以暂时放弃自我救赎，留在世间教化他人。恶魔马拉请他离开这个世界，可神明却请他留下来度化他人。佛陀最终选择了留在世间，在他的余生里历尽艰辛，将苦难和重生的奥秘讲给千千万万的人听。最后，在他八十岁的时候，他知道自己时日无多，便开始为自己准备后事。他躺在一条河边，身边的树便立刻开满了鲜花。他先是进入了冥想状态，之后便是狂喜，紧接着便进入涅槃。人们将他的肉身放在柴堆上火葬，柴堆竟然无火自燃。烧了一会儿之后天上突降大雨，将火熄灭。就这样，一个人踏过一条布满荆棘的道路之后又原路返回，暂时牺牲了小我，给生活在黑暗中的人们带去了光明。

评论：　　佛陀顿悟的故事给成千上万的教徒带来了智慧和内心的平和。可是人们并不一定非要皈依才能发现这个故事中所蕴藏的真理。悉达多起初希望从传统的教义中找到自己想要的答案，这正是许多精神追求开始的方式。如果我们也同悉达多一样执着于追求真理，而不是从苦痛中找到安慰，那么我们也将发现，这样的答案并不能够满足我们的需求，之后我们便要开始寻找其他超出现有宗教体系的答案。

紧接着，悉达多希望通过摒弃生理需求和欲望来实现精神上的净化和觉悟。或许很多人都曾如此，因为这确实是探索真理的道路上的一个必经阶段。因为在西方，人们已经有了一个长达数百年的传统，那就是把肉体看作邪恶的本源，把生理上的快感看作对精神生活的阻碍和干预。可是悉达多却明白了，他必须放弃这种苦修，正如他曾放弃了传统的宗教教义一般，因为肉体的生命也同样是神圣的。试想一下，如果我们能够通过拒绝，甚至是毁灭上帝造物的方式去感悟上帝，说得好听些这是愚蠢，说得难听一些便是傲慢。从心理学的角度来讲，有理智的人所寻求和渴望的，往往是一个整体的平衡，而不是极度失衡。如果肉身已毁，精神也就无所依存。但有时，我们也确实需要通过痛苦的经历才能发现这个道理，就像悉达多曾经经历过的一样。他最终接受了那碗米饭，并去河中沐浴，结果那些刻板的弟子全都离他而去了。与此同时我们也会发现，当我们与教条发生矛盾，如果被贴上“恶劣”或是“罪恶”的标签，那么我们就会与现在的宗教道路背道而驰，甚至是被抛弃。

智慧之树是一个伟大的象征，悉达多在这棵树下悟道，这也与其他诸多神话相映成趣。亚当和夏娃的故事里也有一棵智慧之树，生命之树则在海底向着吉尔伽美什随海浪摇曳，而在北欧和凯尔特神话里，世界之树则支撑着整个宇宙。数千年来，人类凭借自己的想象力构想出作为生命和智慧起源的树，也许正是因为树本身便具有了这两大特性，同时也能根植于人类灵魂的最深处。它扎根于大地，却将枝叶伸向天空。

从心理学的角度来看，恶魔马拉其实是悉达多内心黑暗的化身。与浮士德的故事里所讲述的墨菲斯托菲里斯一样，他是人内心黑暗的一面，并企图以墨菲斯托菲里斯摧毁浮士德一样的方法去摧毁悉达多。但与浮士德截然不同的是，悉达多专注于自己的内心，这使得他对任何诱惑和威胁都无惧无畏。那么，这对于寻找精神答案的普通人来说又意味着什么呢？悉达多内心的绝对平静反映出他是在全身心投入地追寻着真理。这便是专注力以及设置优先项的问题。如果我们经常受到内心恶魔的困扰，无论是生理上的诱惑，还是精神上的焦虑，我们都无法得到内心的安宁。内在的专注力并不是苦修，它是一种心态和思维状态，而并非提前设置好的严明纪律。也许这就是只有悉达多一人能够成就如此伟大事业的原因。对于我们来说，完全专注于内心世界其实是非常困难的，尤其是当我们还年轻时。这种强烈的内心活动也许之后到了老年时才能承受得住，到那时，我们才可能厌倦了享乐，才开始觉得别人的痛苦比我们自己那小小的世俗的快乐和痛苦更加重要。悉达多所经历的，是每个人的人生中都必须经历的阶段，他必须尝试过一切之后才能准备好为自己的追求放弃一切。

我们或许无法达到悉达多这种得道的状态，哪怕是这样的经历都难得有一试。无论是作为一个神话形象，还是一个重要的宗教化身，佛陀都是一个典范而非凡人。但是我们能够从一个更加广阔的视角去理解自己现有的生活，我们会意识到人类所经历的诸多苦难背后的因果关系，到那时我们只需做好准备，平静而谦卑地将追求理解作为生活的中心。

帕西法尔

寻找圣杯

在第二部分，我们曾经讲述过帕西法尔所经历过的一系列冒险奇遇。他跌跌撞撞地来到圣杯城堡，看见一个受伤的国王和一个圣杯，对此他无法回答那些令人耳目一新的问题。年轻时常常会面对一种精神的实相，但我们对此缺乏理解，也没有询问它对我们意味着什么。现在我们来看看在日后生活中的他，他被自己的挣扎和痛苦所折磨，终于能够发问圣杯究竟意味着什么。

年轻的帕西法尔骑着马离开圣杯城堡，并不明白他在那里看到了什么。他在森林中遇到了一个美丽的姑娘，听说他在圣杯城堡中什么都没有学会，便被他的愚蠢吓得目瞪口呆。“可怜的人！”她喊道，“如果你问的话，一切就会恢复原状：生病的国王会痊愈，一切都会好起来的。但是现在会有更严重的麻烦。你表现得实在很无能。”

帕西法尔非常羞愧，继续前行。过了一段时间，他又遇到了另一个女人，这个女人看上去很可怕，仿佛是从地狱中孕育出来的一般。她手里拿着一艘船，她还因他没有问起圣杯而辱骂他，并警告他许多人会因为他的自私和愚蠢而受苦。

帕西法尔独自行走了五年，在这期间他失去了对上帝的一切记忆。他从此沉溺于行事乖张和贸然涉险。有一天，他遇到了三个骑士和他们的妻子，他们都是步行的，穿着忏悔的服装。帕西法尔在耶稣受难节这个神圣的日子里到处闲逛，这让他们感到甚是惊讶。难道他不知道在受难日这一天是不能穿戎装的吗？他们刚从一个神圣的隐士那里来，他们向他做了忏悔，并从他那里得到了绝对的宽恕。帕西法尔一听到这句话就哭了，他也想去见见那位隐士。他见到了一位长者，并向他忏悔道，五年以来他几乎忘记了关于神的一切，现在他的心中只剩下了邪恶。当隐士问他为何如此的时候，帕西法尔告诉他，他曾经拜访过费舍尔国王，看到了圣杯，但没有问他们的情况。这一疏漏给他带来了沉重的负担，以至于他放弃了对上帝的信仰。

隐士了解了事情的原委之后，赦免了他，帕西法尔就再次上路了，他现在还是没有准备好提问，但是内心充满着希望。此后，他再闯圣杯城堡，期望挽回自己的过失。他又游历了许多地方，但是心里仍牵挂着圣杯之事。

又有一天，他在大橡树下遇到了一个少女。因为他对她非常和善，少女给了他一枚镶有一块魔法石的戒指作为回报。那块魔法石助他骑马穿过一座奇怪的玻璃桥，随后又穿过第二座危险的桥，这座桥能自行旋转。第二天清晨，迷失在森林中的帕西法尔祈求上帝带他找到圣杯城堡。他骑着马往前走，傍晚时分，看见远处有一棵神奇的树，上面点了许多灯。在那里，他遇到了一个猎人，猎人告诉他，他终于快到圣杯城堡了。最后他抵达城堡的时候，仆人将他引进城堡，请他入座。帕西法尔这才有机会满心同情地看望病重的国王。他对国王的病痛感同身受。当被追问时，他谦卑地向国王讲述了他长期的冒险经历，并开诚布公地谈到了他的失败。最后，他问国王这一切究竟是怎么回事，最重要的是，圣杯是什么，它为谁服务。听到这些话，本是孱弱的国王忽然跳了起来，竟然痊愈了，并给了帕西法尔一个大大的拥抱。国王透露，他是帕西法尔的祖父，但他只剩下三天的寿命，然后帕西法尔将戴上王冠，统治王国。

虽然帕西法尔年少无知时便开始了他的旅程，但他最终明白了，圣杯是他不朽精神的写照，使他认识到，唯有通过苦难、理解、全身心地服务于生命，以及探究这不朽的精神究竟意味着什么，他才能最终战胜自己内心的黑暗，并赢得光明。

评论：　　在这个故事中，在寻找圣杯城堡的漫长而艰难的道路上并没有出现任何英雄事迹。帕西法尔是通过他与女性的接触来一步一步将其实现的。这告诉了我们关于精神追求的一些非常重要的东西：它不是通过禁欲主义或否认尘世生命而实现的，而是通过人与人之间的关系而形成和促进的。无论男女，都是通过与他人的情感联结才发现自己生命的要义，当生命的旅程走过青春期，步入中年时，对自己冷漠行为的悔恨便开始改变灵魂深处的一些东西。

这个关于圣杯的神话几个世纪以来一直在不同的层面上被解读，而每一种解读都有一定的道理。从心理学的角度来看，它是一次内心的旅程，虽然原始故事的意象是基督教的，但这一内心的旅程与任何深层的宗教信仰，无论是正统的还是非正统的，都是相容的。这真的是一次发现同情的旅程，只有当我们对他人的遭遇感同身受，并敢于承担自己行为的后果时，我们才会产生慈悲之心。正是慈悲之心才使帕西法尔对病重的国王做出了正确的回应，也正是慈悲之心才使我们所有人都能超越自己所关注的事物，看到我们周围的荒原，并从茫茫黑暗中发现一丝光明，照亮我们的人生之旅。国王代表无意义的精神疾病，圣杯是永恒的统一之杯，它是对无意义的唯一解药。我们有许多宗教术语来描述慈悲之心的基本体验，但也许根本就用不到宗教术语，因为我们所有最具变革性的经历都来自当我们分担、共享他人的痛苦和喜悦时可能发生的那种神秘的统一感。因此，在这个神话中，意义和慈悲是密不可分的。

故事的结尾，病重的国王被治愈，但他却甘愿接受死亡，以此才能将王位传给他的孙子。在这里，正如前文喀戎的故事中所提及的那样，死亡成为转变的象征。受到的伤害现在可以被治愈，可以被遗忘，现在可能是那些全新的充满希望的东西支配着我们赖以生存的动机。

因此，我们在生活中所经历的痛苦，尤其是那些似乎是不可挽回的伤痛，其实是可以抛在脑后的，只有轻装上阵，生活才能以充满希望和慷慨的姿态重新开始。年轻的帕西法尔表现得像个懵懂青年是很正常的，他的错误和愚蠢也符合他当时的年龄。随着他年龄的增长，经历越来越多的消沉和讥讽，精神追求开始取代他以前想要成为一个伟大的骑士并得到外部世界认可的决心。这个过程也在情理之中。因此，在某一时刻，当我们厌倦了积累财富或为世俗的成功而奋斗时，我们可能会扪心自问，生活真正的意义和目的是什么。

第三章

最后的旅程

无论我们身怀何种技能，无论我们有多么努力，无论我们内心里蕴藏着何种渴望，无论我们在生活中做出了何种行为，我们终有一天都要面对死亡。无论我们是强壮还是孱弱，无论我们是聪慧还是愚钝，无论我们是贫穷还是富有，无论我们是善良还是邪恶，到最后我们都终有一死。死亡是我们生命中唯一永恒不变的组成部分，但同时它也是生命中最大的谜团，因为无论在科学技术方面变得多么成熟，我们都无法破解身体死亡时发生在身上的谜团。长久以来，人类都相信，在我们的肉体之外是存在着某种神秘物质的，而神话故事也一直都在以想象的方式诠释着人类对死亡的担忧、幻想和预期。宗教总是试图为我们提供关于来世的某种确定性，教导我们在活着的时候遵循特定的教条，这将会保证死后得到善报。神话为我们提供了另外一种选择——隐喻和想象虽不能保证任何东西，但却以某种方式传达了死亡的意义和价值，使其纳入生命中，成为宇宙循环的一部分。下面的三个故事都关乎死亡，虽然没有揭示死亡之谜，但却点明了死亡的深刻悖论，它将生命短暂的本质与我们所参与的更伟大的永恒的、不可毁灭的生活本质联系在了一起。

毛伊与死亡女神

不可避免的死亡

这则来自新西兰毛利人的故事告诉我们，无论人们有多么聪慧和勇敢，最终都无法逃脱死亡的结局。事实上，毛伊的故事表明，我们越是费尽心力地想要否认或摆脱自己只是一介凡人的这个事实，我们就会离死亡的结局越近。毛伊同许多神话故事中的英雄人物一样，满心自傲，拒绝接受自身的局限性，但同样地，他也无法战胜死亡。

一天晚上，我们的大英雄毛伊看上去跟平时很不一样，他似乎心情不好，精神萎靡不振。于是他的父亲问他发生了什么事。

“父亲啊，”毛伊说道，“当我们坐在这里聊天时，人类却正在走上一条通往死亡的阴郁的道路。”

“是啊，我的儿子！所有的人最终都会死去。”父亲说道，“如同树上熟透的果子终会掉落一般，人们迟早都会归向暗夜之母——海因纽特坡女神。”

毛伊站了起来，开始不耐烦地来回踱步。他问道：

“可人们只能一直如此吗？如果死神死掉了，人们是不是就能得以永生了？”

父亲听后皱起了眉头，愁容满面。“听着，儿子。这样的想法太过危险，没有人能够战胜死神。”

“可您说的是凡人。如果换作是我呢？会不会有所不同？”

父亲满心悲伤地叹了一口气，说道：“我亲爱的儿子啊，要知道，你和所有的普通人一样，最终也会身归混沌。”

“我可不是什么普通人！我的母亲曾经预言过，我会得以永生。况且普通人是无论如何都无法达到我所取得的成就的。我不是曾经战胜了火，驯服了太阳，又从海中钓上了陆地吗？死神又算得了什么？不过就是另一股等待着我去征服的反叛力量罢了！”

这时父亲的语气变得强硬起来。“你现在可没有身处人间，而是在地下世界之中，在这里你的一切智慧和小伎俩可都无济于事。你的母亲的确预言过你会得到永生，但在给你施洗的时候我走了神，漏掉了一段咒语，因此那预言便也不攻自破了。正因如此，我才深知你最终会像海因纽特坡女神掌控下的所有人一样死去。她比你想象中的要可怕得多。她的眼睛会闪闪发光，她的头发如同海藻一般，她的尖牙利齿就像黑曜石一般坚硬，她若狰狞地笑起来便好似梭鱼一般可怕。她只是长得像一个普通的老太婆罢了，实际上她就是一头怪兽。”

可毛伊已经在心里暗自盘算，他的父亲其实也知道他究竟在计划着什么。父亲也知道，无论自己说什么，毛伊都是听不进去的，现在唯一能做的也只能是在心里为自己的儿子默默哀悼。“永别了，我的孩子。我老来得子才有了你，你也是我最后一个降生的孩子，然而从你降生的那一刻起，便已难逃一死。”

毛伊对父亲的话置若罔闻。他直接去了森林，同他最亲密的朋友——数百只扇尾鹟商量他的计划。他将自己的计划告诉这些鸟儿，给它们布置好任务，之后便满怀信心地跟鸟儿们一起朝森林出发了。待他们靠近熟睡的死神，原本激动不已的鸟儿们也不再叽叽喳喳叫个不停，就连扇动翅膀的声音都听不到了。气氛顿时变得凝重，毛伊从弯弯曲曲又长满青苔的树下穿过，来到森林中央的一块空地，那里便是死亡女神休息的地方。毛伊看到她就躺在门口，不禁打了一个冷战。那女神的样子与他父亲所描述的别无二致。她闭着那可怕的眼睛，长长的下颏耷拉着，露出她那尖利的牙齿和狰狞的笑容。她的气息粗重，呼出的气息冰冷地扫过那片空地。

毛伊举起手，示意鸟儿们停下来，小声说道："我亲爱的朋友们，那边睡着的便是暗夜之母——海因纽特坡女神。记住我的话，因为我的性命就掌握在你们的手里。我会钻进她的身体里，然后从她的嘴里钻出来。在我出来之前你们无论如何都要忍住，千万不能笑出声来。一定要等我出来了你们才能笑，否则我将必死无疑。"

可这一次，小鸟们都被吓到了，它们都请求毛伊放弃这个计划。现在看来，这计划的确太过疯狂了。可毛伊却只嘲笑鸟儿们太过胆小，完全不理会它们的劝阻。他只叮嘱鸟儿们一定不能太早发笑。毛伊走近死神，快速脱掉自己的衣服，死神眼里露出的光照着毛伊的身体，闪出微弱的光。之后，毛伊带着一脸嘲弄的笑容，弯下腰来，迅速钻进了死神的身体。鸟儿们看见毛伊身手如此敏捷，很是高兴。有些鸟儿不敢看了，只得开始清理自己的羽毛，另外一些鸟儿则强忍着，不让自己笑出声来。可渐渐地，它们便忍不住了，窃笑声开始越来越大，结果把死亡女神吵醒了。这时鸟儿们赶紧屏住呼吸，待死神又睡了过去，它们便又回过头去看毛伊的情况。此时，他正从死神的喉咙处往外钻。鸟儿们暗喜，觉得毛伊胜利在望，便尽量控制自己不要笑出声来。这时，毛伊用力将肩膀伸了出来，这样一来他的脸便突然出现在死亡女神的嘴里。

这简直让扇尾鹟们忍无可忍，它们一起爆发出巨大的笑声。这笑声瞬间惊醒了沉睡中的死神。死神也马上明白究竟发生了什么。她用大腿使劲夹住毛伊，把他夹成了两段。如此一来，毛伊想要征服死神的企图便在鸟儿们的笑声中毫不体面地画上了句号。由于他的失败，人们仍然走在向死而生的路上。

评论：　　毛伊上演了一出悲喜剧，这个滑稽的结局提醒我们，想要征服死神的企图完全是徒劳无功的。这类故事告诉我们，无论身处世界上的哪一个角落，人都是一样惧怕死亡的，并且都希望能够凭借自己的勇气、智慧、善心和权力去征服死神。但无论我们失败过多少次，这个愿望仍一直没有破灭，人们一直期望着有一天能够发现永生的秘密。人们听说有能包治百病的特效药，便满怀希望地跑去找医生；有人甚至采用低温冷冻的方法保存尸体，以期待日后有一天能够重生。我们试遍各种食物和维生素，锻炼养生，寻找精神治疗师以及神奇的疗法，期望自己的身体能够逃脱岁月的侵蚀。总体来说，我们与毛伊并无差别。

也许这个故事所能教导我们的是，其实尽自己最大的努力过好眼前的生活更有意义，与其整日担忧死亡何时来临，倒不如充实美满地过好每一天。况且从很多方面来说，对死亡的担忧与对生存的担忧是一样的。如果我们既不能完满地活在当下，也不愿意接受终将面临死亡的事实，那我们就不是真正地活着，那我们才真的有理由担心生命的终结，因为到那时我们才明白，我们其实是浪费了生命给予我们的礼物。

毛伊试图征服暗夜之母的方式甚是奇特，实际上它所象征的正是回到子宫，因为毛伊钻进死神体内的通道，正是他出生之际与母体分离时所经过的通道。在古代毛利人的神话传说中，这一神秘的生死轮回的方程式刚好能够反映出现代心理学中的一种思想——在人类的想象中，我们出生时所处的永恒的地方和我们追求的不朽的地方是相同的。对永生的渴望，也是对回归的渴望；虽然毛伊表面上是在通过他的行为寻求不朽，但他实际上是在暗地里寻求死亡。永生是一个静止的地方，没有任何变化，也没有什么可以生长。它就像最初的天国花园，亚当和夏娃在完全彻底的天真和无意识里生活，就像我们出生之前生活在羊水中一样。很多人希望过上这种稳定、静止、没有变化、没有冲突的生活。这便是所谓永生中的死亡。毛伊渴望永生，这实际上是在拒绝作为一个独立的个体去过自己的生活，因此，他的死亡完全是必然的，因为从某种深层意义上来说，死亡其实就是他真正想要的东西。虽然在很多神话故事中，毛伊都被描述成一位大英雄，也是为人类带来文明的始祖，但他的性格更趋近于普通人。他们一直希望，如果能找到让他们永远活下去的灵丹妙药，当前无法实现的子宫般的幸福就一定会掌握在自己手中。

毛伊的母亲曾预言他会得到永生，可他的父亲却犯了凡人会犯的错。他在毛伊的洗礼仪式上忘了那段能够使他的儿子得到永生的咒语。毛伊的父亲承认自己犯下大错，由此也确保了毛伊的凡人身份。但毛伊却不甘如此，他狂妄傲慢地想要去尝试那些明知不可为而为之的事。最后，和所有神话故事中的结局一样，这样的狂妄傲慢很快便得到了神明的纠正。

鸟儿们最后不止笑了一次，因为它们深深了解到人类为了得到永生而忙忙碌碌是多么可笑，因为它们明白我们为不朽而奋斗的荒谬。当我们试图成为我们所不可能成为的人的时候，我们便会听到上天的嘲笑声在苍穹中回响。

亡灵中的厄尔

死亡乃生命之初

有关厄尔的故事其实是柏拉图在《理想国》里写到的一篇神话。它为我们展示了一个丰富而又复杂的死亡过程以及人死之后的场景，同时也提出了如何将生命中那些最深刻的奥秘简单化的重要问题。无论我们在童年时代受到过何种教育，无论作为成年人，我们如何看待死后的生活，厄尔的故事都告诉我们，宇宙是一个整体，我们只是这庞大整体中微小的一部分，这个整体在按照特定的秩序与和谐的法则系统地运行着。而死亡，只是整个运行系统中的一个阶段。

厄尔是一名战倒在沙场上的勇士。人们以为他已经死了，于是架起火堆准备将他火葬。神奇的是，他的身体在火中烧了整整十二天，却丝毫没有损坏。在第十二天，厄尔突然醒了过来，这让所有人都吓了一跳。厄尔向人们讲述了他在冥界的体验。

他那时灵魂出窍，飘飘忽忽地到了一个完全陌生而奇怪的地方，跟许多其他的亡灵混杂在一起。在那里，地上有两条巨大的裂缝，两条通道直达天堂。生前正直的人，死后灵魂便会依照指引走上通往天堂的路，每一个亡灵手中都拿着一张纸，上面写着灵魂之所以得到救赎的理由；而另外一些人便会带着自己生前作恶的记录，依照指令走向地狱。可轮到厄尔的时候，上帝却决定让他重返人间，让他将在死者世界的所见所闻讲给那些活着的人听。

他看到刚刚死去的人各自沿着指定的道路前行，有的人上天堂，有的人下地狱。阴影会透过地狱的另外一个入口升起，上面布满尘土和污秽，以此迎接那些原本容光焕发的人。所有人都聚集在一片空地上，他们会认出从前相识的人，彼此热切地交流。生前正直的人充满欢乐，生前作恶的人则无限哀伤，他们可能会在地狱里煎熬千年之久。厄尔得知，人在活着的时候所做的每一件事，到了死后都会以十倍的代价予以补偿。曾经作恶的人会在死后得到严惩，而原本善良的人则会得到丰厚的回报。

注定将要重返人间的灵魂，先要在这个地方停留片刻，之后才能朝一个光柱走去。那光柱会发出彩虹一般的光芒，却比彩虹更加灿烂轻盈。厄尔明白了，这光柱便是天堂与人间之间的轴，中间悬挂着必然女神的坚硬纺锤，它带动着八个不同色彩的圆圈不停地转动。这些圆圈便是太阳、月亮、行星以及恒星运行的轨道。每一个轨道都围绕着一个塞壬女妖运行，唱着同一个单调的音符。这样一来，八个音符便合成混响，组成了全宇宙的音乐。在必然女神的宝座周围，围坐着她的三个女儿，那便是命运三女神拉刻西斯、克洛索和阿特洛珀斯。她们的声音与塞壬的声音保持着同样的节奏，拉刻西斯歌唱过去，克洛索歌唱现在，阿特洛珀斯则歌唱未来。在这期间，三女神会不时地撞击纺锤，使其不停地保持运转。

厄尔看到，亡灵们来到拉刻西斯面前，她的手中拿着掌控所有人命运的命运之签，等着亡灵们来抽。传令官会去传令给所有亡灵："流浪的灵魂们！你们将要进入一个新的肉身，每个人都可以轮流选择自己的命运，但是一旦选择，便不可更改。美德不针对某个特定的人，它只忠于尊重它的人，同时也会远离卑鄙之人。你们不应责怪神明，因为命运只掌控在你们自己手中。"

首先，亡灵们要排着队按序抽签，可厄尔除外，因为他早已接到指令，要他在一旁观察。传令官在所有的亡灵面前施法，为他们展现出人世间各种各样的生活场景，暴政、行乞、美丽、财富、健康、贫病交加……同时还能看见人与其他动物一同生活的场景。这传令官是命运女神的使者，他告诉所有的亡灵们，不要急于选择。

可第一个亡灵急急忙忙地便选择了有钱有势的生活。然而当他仔细看过自己的运簿之后才发现，他以后会吃掉自己的孩子，除此以外还会有很多骇人听闻的事情发生。于是他惊叫一声，开始咒骂命运，咒骂神明，可唯独不去咒骂自己草率做出选择的这一愚蠢行为。这个灵魂来自极乐世界，他在生前一直过着井然有序的生活，他身上所有的美德都来自习惯和外界对他的期盼，而不是他自身的智慧。来自极乐世界的人大多做出了错误的选择，虽然根据常规的定义，他们所选择的命运都是“好的”，可他们缺乏应对世间邪恶的经验；相反地，从地狱中解放出来的人大多经过训练，自身的苦难和他人的苦难都曾给他们以深刻的教育，使他们成为真正仁慈而富有同情心的人。这样一来，大多数的亡灵都用厄运交换了好运，或者用好运交换了厄运。

厄尔看到这一切，心中既充满怜惜，又觉得好笑。那些人竟然会做出这样令人出乎意料的命运选择，很明显，他们是受了前世回忆的影响。他看到俄耳甫斯选择了天鹅的身体，就好像他仇恨那些将他撕成碎片的女人，于是心不在焉地把自己的来生交给了这样一具躯壳。阿伽门农也一样，他选择了来世做一只鹰，因为他从前的命运让他痛彻心扉，使他痛恨人类。就这样，轮到了老谋深算的奥德修斯。他一直牢记自己经历过的不幸，只要一想起他经历过的那些冒险，他便恶心得想吐，因此他便躲在角落里小心翻检，最终选择了不被其他灵魂看好的安静质朴的生活。之后他宣布，即便让他第一个选择，他还是会做出同样的选择。

待所有的亡灵都选择好自己的来世，他们便排着队在拉刻西斯面前一一通过。拉刻西斯则会派给每一个亡灵一个守护神，陪伴他们走过一生。随后守护神会将亡灵引至克洛索面前。克洛索转动轴心，确认每个人的选择。每一个亡灵都要摸一下轴心，之后就被带到阿特洛珀斯面前。阿特洛珀斯绕动指尖的纺线，固定好轴心，使其难以被解开。最后，所有的亡灵和他们的守护神都会在命运女神面前鞠躬朝拜，此后便会来到寸草不生的忘川河边。这忘川河是任何船只都无法渡过的。每个亡灵都要喝这忘川河的水，之后他们便会将所有前尘往事忘得一干二净。他们沉沉睡去，到了半夜，电闪雷鸣，地震暴发，结果惊醒了沉睡中的亡灵，他们被吓得四处逃散，如同流星一般分散到各自本该出生的地方。

至于厄尔，他虽没有被要求喝下忘川河的水，可他也不知道自己的灵魂是如何返回躯体的。一切都在一瞬间完成，当他醒来的时候，便发现自己还活着，四肢摊开地躺在火堆上。

评论：　　柏拉图笔下的厄尔经常被学界理解为一个虚构的人，专门用来传达柏拉图的思想。可是一个广袤而有序的世界却不是柏拉图的思想所在——在这样一个宇宙中，天上与人间的万事万物都是相映成趣的。每一种人类行为都会有前因，同样也都会有后果。这的确是一种古老的宇宙观，它本身便是神秘莫测的。其精髓在于，每个人都是一个庞大整体中的一部分。每个人都必须为自己的选择承担责任。对于现世遭遇，我们既不能抱怨环境，也不能抱怨上帝。虽然我们可能像故事里所说的那样，喝下太多的忘川河水而将所有前尘往事忘得一干二净，其中也包括祖先留给我们的生活传统和家族精神。尽管在西方的犹太教和天主教都认为“死而复生”是东方所特有的，可全世界还是至少有一半的人都相信这种神秘的力量是真实存在的。可柏拉图是希腊人，他所讲述的神话根植于西方人的灵魂和精神当中，而且在现代生活中同样得以体现。

在厄尔的故事中，将死亡当作生命的前奏摆在我们面前，与此同时，生命也成了死亡的前奏。其实，生与死就是生命循环中两个不同的组成部分，它们在一种特定秩序的统治下循环往复。因此，死亡其实只是一个形式，或者说只有在一个故事必须要有一个结尾的时候它才能算得上是一个终结。在这个故事中，有着一个意义明确的道德观，那便是作恶的人会在死后遭受痛苦，而生前行善的人则会在更高的层面上得到福报。我们之所以会犯错，是因为我们不理解所谓遭受痛苦的真正意义，我们虽因犯错而承受惩罚和痛苦，但也通过这段苦痛的经历而增长了智慧。行善的人之所以会招致恶果，是因为他们不了解邪恶本身，而且邪恶是可以通过人们的行为得到转化的。对于那些接受重生哲学的人来说，可以将其理解为这些深层次的真相其实与我们如何度过此生有着很大的关系，因为我们通过过去和现在才能创造未来。但它们也可以被理解为与一个单一的生命相关，它也是一个循环的过程，有开始和结束的章节。一生中，我们可能作恶，也可能蒙受痛苦，变得更具有智慧，做出正确的选择，或自称是个好人，却做出错误的决定，只因这种善良是肤浅的善。

在厄尔的故事中，所提出的问题远比给出的答案要多得多。我们永远不可能确切地知道这样的神话源自何处，也不知道柏拉图在自己的著作里加入这样的神话究竟是何用意。但这是一个由必然性所统治的宏大的宇宙观，它体现在各个星球井然有序的运行模式中，同时也为我们提供了极其重要的对死亡的感知。如果我们穷其一生都不能明白人与人之间是如何建立联系，也不明白为什么我们的所有行为都会带来相应的后果，我们便有充足的理由畏惧死亡——要么是因为一些可怕的惩罚在等着我们，要么是因为我们必须进入黑暗的世界，要知道，在我们的一生中，常常想要驱散我们周遭的黑暗，却无能为力。厄尔的故事不仅为我们展示了死亡这一极其特殊而又复杂的意象，同时也教会我们应该如何度过自己的一生。

因陀罗与蚁阵

生命不息

印度教中关于因陀罗和蚁阵的故事是有关生命延续的最微妙而深刻的神话之一。它为我们提供了一幅宇宙万物起起落落的宏大画面，但并不是为了减轻生命的痛苦，也不是为了保证我们死后会得到回报。这是对永恒和时间本质的一种看法，这是一个很长但也很值得人们反思的故事，即使是众神之王，也会谦卑地认识到他在无止境的生命延续中所扮演的正确角色。

因陀罗是众神之王，他杀死了一条巨大的龙，这条巨龙把天国里的水都装进了它自己的肚子里。因陀罗猛地将雷电射向巨龙笨拙的摆尾，怪物瞬间便被粉碎得如同一堆堆枯萎的草丛。天堂之水重获自由，于是遍布大地，在世界各地肆意奔流，它是田野和森林的汁液，如同血液在静脉中流动。曾被怪兽独占的东西随着怪兽的死去而得到了释放。神灵回到了大地中央的高山顶端，居高临下地统治着整个世界。

因陀罗要做的第一件事便是重新建造起众神的都城。

在怪兽统治城邦期间，整座城市变得一片荒芜，随处都是断壁残垣。所有的神明都说因陀罗是他们的救星，因陀罗本人也为自己能够取得胜利而备感欣喜。高兴之余，他也清楚了自己的强大力量，便召来了司掌艺术与手工艺的神明毗首羯摩天，请他建造起一座配得上他光辉业绩的宫殿。

于是毗首羯摩天为他建造了一座无比华美的宫殿，花园、湖泊、塔楼，一应俱全。但在建造宫殿的过程中，因陀罗的要求变得越来越多，也越来越苛刻。他要求有更多的亭台楼阁、池塘树林，甚至还要一座游乐场。终于，这位天上的工匠不堪重负，只能想办法调集更多的帮手来。于是他回到天上，找到了梵天，他是最伟大的造物神，他的耐心远远超过了因陀罗的野心、奋斗以及荣耀。

听完工匠的申诉，梵天说道：“你且放心回去吧，你的苦恼很快就会得到解决。”紧接着，梵天找到了毗湿奴，那是地位最高的神，在他面前，就连梵天本人也只能俯首称臣。毗湿奴听后马上便说，毗首羯摩天的请求将会得到满足。

第二天早晨，有一个童子捧着朝拜所需的物品出现在因陀罗的门口。这个童子虽然只有十岁，却满脸都泛着智慧的光。因陀罗问道:“哦，孩子！你来这里所为何事？”

漂亮的小童子答道:“啊，众神之王！我听说您在建造一座豪华的宫殿，便想来提几个问题。这宫殿究竟还需要多长时间才能完工？毗首羯摩天还要完成哪些重大的工程？伟大的神，在您之前，还从没有过哪一位因陀罗能够完成如此庞大的工程呢！”

因陀罗被这位小童子的自负逗乐了，因为他竟敢说他比自己还要了解从前历任因陀罗的事情！“孩子，那你来告诉我，”他说道，“你以前听说过或是见到过很多因陀罗吗？”

孩子点点头，“是啊，我确实是见过很多因陀罗。”因陀罗听了这话顿觉脊背发凉。“我认识您的父亲，”童子继续说道，“他是一位龟人，也是大地上所有生灵的创造者。我还知道您的爷爷，他是天光束，也就是大梵天的儿子。我还知道梵天，他由毗湿奴所生。而且我还认识毗湿奴本人，他便是那地位最高的神。我亲爱的众神之王，我还知道这个宇宙最可怕的解体。我见过万物消失、瞬间毁灭的样子，每一个轮回的结尾都是如此。就在那一时刻，每一个原子都会分解成永恒的纯洁之水，从中再诞生出世间万物。试问，谁能数得清究竟有多少宇宙曾经消逝？又有多少新生事物从那水中升起？谁能数得清究竟经历过多少世世代代？谁又能知道在这广袤无垠的虚空里究竟有多少个宇宙一同存在？每一个宇宙之中都有各自的梵天和毗湿奴。如此一来，谁又能搞清楚这里面到底有多少个因陀罗？他们一个接一个地升上神位，却也一个接一个地消失在过去。没有人能数得清，究竟有多少。”

这时，一队蚂蚁刚好出现在大厅里。蚂蚁排好方队，整整齐齐地从地面爬过。童子看到了蚂蚁便大笑起来，随后他便陷入了沉思。

“你为何发笑啊？”原本傲慢的因陀罗此时已经紧张得喉咙发干，结结巴巴地问道，“你究竟是谁？”

童子说：“我在笑这些蚂蚁啊！但我不能告诉您原因，因为这是一个隐藏在过往中的秘密，就连对神灵也不能透露分毫。”

“亲爱的小孩儿,”因陀罗请求道，现在的他已经比之前谦卑数倍了,“我不知道你是谁，可是请求你把过去时代的秘密全都告诉我吧，这些秘密就是光，定能驱散黑暗！”

“我看到了蚂蚁,”童子答道,“它们排出了长长的队伍，每一只蚂蚁都是一个因陀罗。它们和您一样，每一只都升到了众神之王的地位。可到了现在这一世，经历过一次又一次的重生，每一只蚂蚁也都再次成为蚂蚁。虔诚与曾有过的丰功伟绩使得活着的生灵感到快乐，得以进入繁花似锦的天界。可邪恶的行为却也能够使他们沉沦，跌至地狱，在那里承受痛苦与悲伤。上天根据人们的行为来分配他们的幸与不幸，他们要么成为主人，要么成为奴隶。这便是我能告诉您的全部秘密。神灵、草木、山石，一切都是这个幻象里面的影子。但是死神却掌握着时间的法则，并且是万物的主宰。梦境中所有生灵的善恶都如同泡沫，随时都会破灭。因此智者既不依附于善，也不依附于恶，事实上，智者不依附于任何东西。”

童子做出如此令人震惊的结论，之后便一言不发地看着因陀罗。众神之王尽管仍然威严无比，一瞬间却如醍醐灌顶，觉悟到自己也不外如是。随后，因陀罗的大殿里闪过了另一道光，来者是一位隐士，他看上去蓬头垢面，衣衫褴褛，且胸前长着一圈奇怪的毛发。他就一声不响地蹲在因陀罗与那童子之间，如同石头一般一动不动。童子问这位隐士姓甚名谁，来此处有何贵干，还有他胸前那一圈奇怪的毛发又有什么特殊的意义。

老人笑道：“我是一个婆罗门，名字就叫多毛，我来就是为了看望因陀罗。我知道自己已经命不久矣，也无家可归，不求生计，只是依靠乞讨过活。我胸前的这一圈毛发能够教人以智慧。每有一位因陀罗消逝，我的胸前便会有一根毛发脱落。正因如此，中间的毛发已经掉光了。一旦面前这位因陀罗过世，我也便会跟着死去。因此，妻儿房产对于我来说并无意义。那地位最高的毗湿奴每眨一次眼睛，便意味着又有一位因陀罗过世。一切不过都是过眼云烟罢了。无论是在天上，还是在人间，一切的欢乐无外乎都是一场易碎的梦。我没有兴趣去体验各种罪恶和痛苦得到救赎后的欢喜。我只想专注于冥想，以使自己能够追上伟大的毗湿奴那无可比拟的脚步。”

话音一落，这位圣人便瞬间消失无踪。与此同时，童子也随之离开。众神之王独自站在大殿中央，满心疑惑。他思考着，不知道这是否只是一个梦。可他却再也不想夸大自己作为神灵的功绩和荣耀了。他召来毗首羯摩天，送给他很多礼物，之后便让这位工匠回去了。

因陀罗现在想要得到救赎。虽然已经得到了智慧，可此时此刻他却备感心酸，一心只想求得自由。于是他决定将王位传给儿子，自己则跑到郊外去过起了隐士的生活。可他美丽的王后却为此悲伤不已，她前去请求国王的谋臣布里哈士巴提，想要他帮助劝说国王，打消这个念头。布里哈士巴提足智多谋，他既与因陀罗畅谈了精神生活的美好，又与他聊起了世俗生活的趣味，由此因陀罗才逐渐打消了遁世的念头。王后知道后也转悲为喜。此时因陀罗便完成了上天创造他时委派给他的任务，因为他只是这个世界的一小部分，所以他不再对蚂蚁行军感到恐慌或愤怒，也不再惧怕从前的那些因陀罗，他会这样一而再，再而三地循环往复地出现在永恒的轮回之中。

评论：　因陀罗和蚁阵的故事其实本身就已经非常清

晰明了，无须赘述。它提醒我们，人类希望理解浩瀚宇宙的真正意义，希望在这广袤的世界中占有重要的一席之地，可在神秘、庄重而伟大的生命本身面前，人类却又显得如此微不足道，所有的挣扎其实都是徒劳无功的。其实，人们不必信奉印度教的神灵，也可理解这则故事所包含的寓意。它无非是要告诉我们，我们的智慧和充实体现在要保持生活的平衡，既要注重物质生活，也要顾及精神生活，同时还要使我们能够成为真正的自己。无论是伟大还是渺小，无论是人类还是蚂蚁，无论是神灵还是一介凡人，每一点生命之火都是这庞大生命统一体中的一部分。虽然这个统一体无时无刻不在按照特定的秩序有序运转着，却永远不能为我们所掌控。因为我们是人类，所以就必须奋斗，或许我们要像因陀罗一样建造宫殿，或许要像浮士德一样寻求智慧，还或许要像柏拉图的故事中那些高尚的灵魂一样服务于他人。但是，在完成我们每个人所独有的个人命运的过程中，一定要让一切保持正确的方向，就像那蚁阵一样。

参考书目与拓展阅读

The Acts of King Arthur and his Noble Knights, John Steinbeck. New York: Noonday Press, 1993. London: Heinemann Ltd, 1979.

Celtic Myth and Legend, Charles Squire. Van Nuys, CA: Newcastle Publishing Co., 1987.

Classical Mythology, A. R. Hope Moncrieff. London: Studio Editions Ltd, 1994.

Gods and Heroes, Gustav Schwab. New York: Pantheon Books, 1977. London: Random House, 1977.

The Greek Myths, Robert Graves. New York: Penguin, 1993. London: Penguin, 1977.

The Illustrated Encyclopedia of Myths and Legends, Arthur Cotterell. New York: Macmillan, 1996. London:

Macmillan, 1996.

King Arthur and the Grail, Richard Cavendish. London: Weidenfeld and Nicolson, 1978.

Larousse World Mythology, Pierre Grimal (ed.). London: Hamlyn, 1989.

Maori Legends, Alistair Campbell. Paraparaumu, New Zealand: Viking Sevenseas Ltd, 1969.

Myths and Symbols in Indian Art and Civilization, Heinrich Zimmer. Princeton, NJ: Princeton University Press, 1992.

Myths of Babylonia and Assyria, Donald A. McKenzie. London: Gresham Publishing Co., 1933.

The Niebelungenlied. New York: The Heritage Press, 1961. London: Penguin, 1965.

The Norse Myths, Kevin Crossley-Holland. New York: Random House,1981. London: Penguin, 1980.

The Prophet, Kahlil Gibran. New York: Random House,1996. London: Heinemann Ltd, 1973.

Sources of the Grail,]ohn Matthews (ed.). Hudson,NY: Lindisfarne Books, 1977. Edinburgh: Floris Books, 1996.

图书在版编目（CIP）数据

神话之旅 / (英) 利兹・格林, (英) 朱丽叶・沙曼－伯克著 ; 孙偲译. — 2版. — 北京 : 生活书店出版有限公司, 2022.5

ISBN 978-7-80768-373-5

Ⅰ. ①神… Ⅱ. ①利… ②朱… ③孙… Ⅲ. ①神话－研究－世界 Ⅳ. ①B932.1

中国版本图书馆CIP数据核字(2022)第064306号

策划编辑 李 娟
执行策划 邓佩佩
责任编辑 杨学会
特约编辑 李 艺
出版统筹 慕云五 马海宽
审 校 罗 幸
封面设计 潘振宇
封面插画 潘若霓
责任印制 孙 明
出版发行 生活書店出版有限公司
（北京市东城区美术馆东街22号）
图 字 01-2018-5471
邮 编 100010
印 刷 北京中科印刷有限公司
版 次 2022年5月北京第2版
2022年5月北京第1次印刷
开 本 787毫米×1092毫米 1/32 印张12.125
字 数 177千字
印 数 0, 001－10, 000册
定 价 58. 00元
（印装查询：010－69590320；邮购查询：15718872634）